AF272275

Bernd Leibig
**Unfassbare Synchronizität**

Für
Lisa und Nico

**Bibliografische Information der Deutschen
Nationalbibliothek**
Die Deutsche Nationalbibliothek verzeichnet diese
Publikation in der Deutschen Nationalbibliografie;
detaillierte bibliografische Daten sind im Internet über
http://dnb.d-nb.de abrufbar
© 2023 by opus magnum, Wiesbaden
(www.opus-magnum.de)
Alle Rechte vorbehalten
Herstellung: Books on Demand GmbH. Norderstedt
ISBN: 978-3-95612-045-9

Grafik: Die Cover-Fotos entstanden bei der Ausstellung
„Cyber and the City" 2023 in Tübingen unter Nutzung
einer künstlichen Intelligenz. Cover-Vorderseite: Eingabe
der Stichworte „Synchronizität" und „Kosmos"; Cover-
Rückseite: Eingabe von „Synchronizität".

# Bernd Leibig

# Unfassbare Synchronizität

opus magnum

**Bernd Leibig**
ist Facharzt für Psychosomatische Medizin und Psychotherapie. Er ist seit über 30 Jahren in eigener Praxis in Ammerbuch-Entringen bei Tübingen tätig.

Er arbeitet als Lehranalytiker, Supervisor und Dozent am C. G. Jung-Institut Stuttgart. Er ist auch Psychodramatherapeut, Paartherapeut und Traumatherapeut.

Langjährige Tätigkeit in psychosomatischen Kliniken. Mehrere Jahre berufspolitische Arbeit als Vorsitzender des C. G. Jung-Instituts Stuttgart und im Vorstand der DGAP (Deutsche Gesellschaft für Analytische Psychologie).

Mitglied in der Redaktion des Jung-Journals.

Neben der Synchronizität sind weitere seiner Themenschwerpunkte die Neurobiologie der Psychotherapie sowie Traumatherapie, analytische Psychotherapie und Resonanz in der Psychotherapie.

# Inhalt

# Das Ganze voller Energie

## Vorwort von Ernst Peter Fischer

Das Buch „Unfassbare Synchronizität" stammt von einem Arzt, der als Psychotherapeut tätig ist, und dieses Vorwort stammt von einem Physiker, der sich als Wissenschaftshistoriker betätigt. Diese Zweiteilung passt zu der Tatsache, dass das hier vorgelegte Werk über sinnvoll zusammenhängende Ereignisse, die nicht auf materiell wirkende Ursachen zurückgeführt werden können, von dem Dialog erzählt, den C. G. Jung als Begründer der Analytischen Psychologie und Wolfgang Pauli als Miterfinder der Physik namens Quantenmechanik miteinander geführt haben.

Das Duo hat zwischen 1932 und 1958 viele Briefe gewechselt und 1952 gemeinsam in einem Buch die Brücke zwischen „Naturerklärung und Psyche" zu betreten versucht, wobei der Physiker das große Ziel verfolgt hat, das Verständnis der Psyche und der Physis durch die Anwendung der Idee zu vertiefen, die philosophisch mit dem Begriff der Komplementarität bezeichnet wird. Aufgekommen ist dieses Konzept in den exakten Naturwissenschaften, nachdem Albert Einstein 1905 zeigen konnte, dass ein Verständnis von Licht nur möglich ist, wenn man es sowohl als Bewegung einer Welle als auch als einen Strom von Teilchen (Photonen) zu verstehen versucht.

Pauli meinte in seinem Dialog mit C. G. Jung, dass „eine der wichtigsten Aufgaben des abendländischen Geistes" darin besteht, auch in der Psychologie „die Idee der komplementären einander ausschließenden [aber zusammengehörenden] Aspekte der Phänomene" zu übernehmen. Zur konsequenten Anwendung der Komplementarität gehörte für den Physiker das Berücksichtigen einer Konzeption, die dem traditionellen Gedanken der Kausalität gleichwertig gegenübertreten konnte. Da der reine Zufall dafür zu schwach erschien, griff Pauli auf die ursprünglich von C. G. Jung ins Spiel gebrachte Idee einer „Synchronizität als ein Prinzip akausaler Zusammenhänge" zurück, die zu einem geheimnisvollen Element der Wirklichkeit geworden ist. Eine „unfassbare Synchronizität" eben.

Keine Frage: Die durch Jungs Prinzip erschließbaren Sinnzusammenhänge lassen sich im alltäglichen Leben beobachten und zeigen auch Auswirkungen, ohne dass sie dem gesunden Menschenverstand einleuchten, der allerdings bereits Schwierigkeiten gehabt hat, die klassische Physik zu verstehen, selbst wenn die Psychologie auf diesem Feld noch nicht ausreichend tätig geworden ist.

Doch obwohl synchronistische und damit sinnvoll nutzbare Ereignisse immer wieder eintreten, wehren sich viele Menschen gegen die Vorstellung, hier mehr als Zufälle zu sehen. Viele bevorzugen eine klare Trennung zwischen psychischen (seelischen) und physischen (körperlichen) Zuständen, was aber die Wissenschaft nicht von der Aufgabe entbindet, mit Größen zu operieren, die beidem Sphären zugleich angehören.

Das Musterbeispiel ist die Energie, die gewöhnlich mit industriellen Maschinen in Verbindung gebracht wird, die aber in jeder Person verkörpert sein muss, die mit ihrem Leben etwas anfangen will. Energie ist nach den Gesetzen der Physik eine unzerstörbare Größe, die sich bei aller Konstanz dauernd wandeln muss, um ihre Wirkung zu erzielen, womit gemeint ist, dass die Energie aus den Möglichkeiten der Welt die Realität hervorbringt, mit der Menschen sich auskennen und in der sie auf Synchronizitäten treffen, auch wenn dies ihnen unfassbar vorkommt.

Historisch betrachtet ist unfassbar, dass die Rationalität der Aufklärung, die den menschlichen Verstand seit dem 18. Jahrhundert anleitet, auf ihrem Weg in das Innerste der Welt Ebenen von Wirklichkeit offenbart hat, die sich der Rationalität entziehen und nicht mehr eindeutig zu fassen sind. Die komplementären Eigenschaften nicht nur des immateriellen Lichtes, sondern auch der materiellen Elektronen – also das Duo aus Welle und Teilchen – sind nur noch der Möglichkeit nach seiend, auch wenn eine von ihnen stets aktuell als seiend verstanden werden muss.

Damit konnte die Physik mit der Quantenmechanik nicht nur erstmals eine Theorie des Werdens entwerfen, sie kannte auch die Quelle dieses dynamischen Daseins, nämlich die Energie. Sie wirkt sich für jeden spürbar in der Psyche aus, aber nicht nur innen, sondern auch außen. Wer die scheinbar einfach zu verstehende Materie mit ihrer Energie in den konzeptionellen Griff bekommen will, erlebt Überraschendes, wie der im Buch zitierte Satz von C. G. Jung ausdrückt, Materie sei ein „gänzlich metaphysischer Begriff".

Wer das nicht glaubt, sollte sich daran erinnern, dass Materie von „Mater" stammt, womit in dem eher klobig verstandenen Material ein weibliches Prinzip steckt. Die moderne Physik hat dies in jüngster Zeit konkret auf den metaphysischen Punkt gebracht, indem sie zeigen konnte, dass Materie die feste Struktur ist, die sich durch eine Form der Emergenz herausbildet, und zwar dann, wenn die Wechselwirkungen zwischen einer immens großen Zahl von Einzelteilchen (Partikeln) zu spontanen Änderungen in der Symmetrie des Systems führen. Oder kürzer: Materie ist Emergenz durch Symmetriesprünge, also eine Realität, die einer Idee entspringt.

Auch in der „Unfassbaren Synchronizität" ist von Emergenz die Rede, die als Konzept der komplementären Konzeption eines Reduktionismus, einer Rückführung auf Teile, immer mehr den Rang abläuft. Emergenz kann durch den bekannten Satz ausgedrückt werden, „Das Ganze ist mehr als die Summe seiner Teile."

Die Physik meint, das inzwischen besser sagen zu können: „Das Ganze ist verschieden von der Summe seiner Teile." Synchronizität ist anders als die Summe von Kausalitäten. Mir gefällt immer wieder der Gedanke, dass die Welt ein Ganzes ist, das gar keine Teile hat. Sie gibt es nur, weil Menschen darüber reden wollen und deshalb Namen für sie finden. Die Synchronizität der Teile ist das Ganze, das unfassbar bleibt, auch wenn alles mit ihr anfängt. Man sollte sich auf sie einlassen, um zu sich selbst zu kommen.

# Einleitung

Die meisten von uns werden das Phänomen kennen, dass wir an einen Freund denken, den man vielleicht schon lange nicht mehr gesehen oder gesprochen hat und genau in diesem Augenblick klingelt das Telefon und der Freund ruft an. Dies sind gar nicht so selten auftretende Alltagssynchronizitäten, die in uns ein erstauntes Gefühl für ungewusste, rational nicht erklärbare Sinnzusammenhänge im Hintergrund unserer Welt auftauchen lassen. Wie kann so etwas höchst Unwahrscheinliches geschehen? Gibt es Kräfte oder Konstellationen, die auch anderen Gesetzen gehorchen als jenen von Raum und Zeit und kausalen Ursache-Wirkungszusammenhängen?

Synchronizitäten können sich dadurch bemerkbar machen, dass Träume sich in der Realität verwirklichen. Vielleicht treffen wir am nächsten Tag ganz real die Frau oder den Mann unserer Träume. Große und numinose Synchronizitäten empfinden wir etwa bei Begegnungen, in denen ein unglaubliches, überwältigendes Gefühl von Zusammengehörigkeit, von Resonanz und von Liebe entsteht.

Eine nähere Beschäftigung mit dem Phänomen der Synchronizität verdanken wir zwei großen Persönlichkeiten des letzten Jahrhunderts: dem Arzt und Begründer der Analytischen Psychologie C. G. Jung und dem Quantenphysiker Wolfgang Pauli. Beide standen über 25 Jahre in teilweise sehr engem Kontakt und Austausch.

Das vorliegende Buch möchte aufzeigen, dass Synchronizitäten mehr sind als nette, aber eher belanglose Zufälle. Synchronizitäten lassen uns staunen, was in unserer klaren, rationalen und geordneten Welt alles möglich ist. Sie können uns aufrütteln, verunsichern oder bestätigen. Sie können Wendepunkte in unserem Leben bedeuten.

Darüber hinaus können Synchronizitäten Fragen an unsere eingeschränkten und einengenden Weltanschauungen und Selbstanschauungen stellen. So können Synchronizitäten dazu beitragen, unseren Horizont dafür zu erweitern, dass wir mehr sind als festgelegte, vorhersagbare und durchgescannte Menschen.

Synchronizitäten stellen das Gedanken- und Gefühlsgebäude der Analytischen Psychologie C. G. Jungs auf eine andere, breitere Grundlage, als sie dem ausschließlich rationalen und kartesianischen Vorgehen zugrunde liegt. Synchronizitäten können uns Sinnzusammenhänge erschließen, für die wir bisher kein Ohr und keinen Sinn hatten.

Wenn wir uns von Synchronizitäten erreichen und berühren lassen, dann können sie uns öffnen und aufwecken. Sie können uns in Haltungen und Vorstellungen und auf unserem Weg bestätigen. Sie können aber auch unserem Leben eine neue Richtung geben, die wir uns bis dahin vielleicht nicht erlaubt haben. Synchronizitäten können wegweisend sein und neue Ziele aufscheinen lassen.

Das Unfassbare der Synchronizitäten kann uns irritieren. Vielleicht wollen uns Synchronizitäten auch irritieren und erschüttern, wenn unsere Handlungsmuster und auch unsere Fühlmuster zu eingefahren sind. So können sich durch unfassbare Synchronizitäten neue Möglichkeitsräume entfalten.

Dieses Buch ist aus meiner Leidenschaft heraus entstanden, die klare, objektive und rationale Seite der Medizin und Naturwissenschaft mit der Subjektivität und dem persönlichen Erleben des einzelnen Menschen in seiner Einmaligkeit zu verbinden.

Das Buch ist gedacht für Staunende und für Skeptiker, für Rationalisten und Außerrationalisten, für Denker und Fühler, für Suchende und jene, die meinen, gefunden zu haben, für Menschen mit Freude, nicht nur am Unbewussten, sondern auch am Ungewussten.

Das Buch ist auch geschrieben für alle an synchronistischen Ereignissen interessierten Menschen, für Ausbildungsteilnehmer in allen psychotherapeutischen Fachrichtungen, für Ärzte, Psychologen und Psychotherapeuten.

Aus Gründen der besseren Lesbarkeit verwende ich keine Gendersprache.

Ich wünsche den Lesern eine vergnügliche Reise in neue Sinnzusammenhänge.

# Kapitel 1

# Carl Gustav Jung

Carl Gustav Jung (1875-1961) ist der Begründer der Analytischen Psychologie. Nach einer anfänglichen, inspirierenden Zusammenarbeit mit Sigmund Freud wurde Jung der eingeschränkte theoretische Rahmen von Freuds Ein-Personen-Psychologie und dessen Libidobegriff zu eng. Für Jung rückten die schöpferischen Kräfte des Unbewussten und die Dynamik der Archetypen und die Erweiterung des bei Freud einseitigen Libidoverständnisses in den Vordergrund. Jung sah die umfassende Ganzheit der Persönlichkeit als motivierende und sinnstiftende Kraft für das psychische Geschehen. Hierzu gehört die Einbeziehung des kollektiven Unbewussten, das über das persönliche Unbewusste hinaus geht. Jung entwickelte ein Selbstmodell und ein Weltmodell, bei dem es um die Integration von allen Erfahrungsqualitäten geht. Neben dem Denken, dem Fühlen und dem Empfinden ging es Jung auch um die weniger beachtete Intuition und auch um das Irrationale und das Außerrationale, das nun eine gleichberechtigte Bedeutung bekommen sollte.

Ich bevorzuge in der Darstellung der Synchronizität in diesem Buch den Begriff des „Außerrationalen" gegenüber dem des „Irrationalen". In der Analytischen Psychologie wird auch von irrationalen Funktionen gesprochen, ebenso wie in der Mathematik und anderen Wissenschaften. Dennoch haftet dem Irrationalen der negative Geschmack des nicht Nachvollziehbaren, des Abgedrehten, manchmal des Spleenigen und Verrückten an.

Für mich ist das Außerrationale mehr als Irrationalität. Außerrationalität weist auf eine Weltoffenheit hin. Die Außerrationalität öffnet die Welt, durch die unsere kausal orientierte, rationale Sichtweise nicht nur irritiert wird, sondern ein Standpunkt ermöglicht wird, der außerhalb der üblichen Anschauungen liegt. Mit dem Außerrationalen wird der Möglichkeitsraum unserer Erfahrungswelt über das Irrationale hinaus erweitert.

Es war Jung in seiner Psychologie existenziell wichtig geworden, die Sinnhaftigkeit des Geschehens als *causa movens*, als bewegende Kraft unserer Persönlichkeitsentwicklung zu verstehen. Es gibt im täglichen Leben eine Fülle von Zufällen, die wir mehr oder weniger staunend zur Kenntnis nehmen, oder die wir vielleicht auch gar nicht weiter beachten. Jung wollte sich nicht mit den scheinbaren Zufälligkeiten zufriedengeben.

Für Jung wurde das über die Zufälle Hinausweisende bedeutsam: Dies war die Erkenntnis eines transzendenten, tieferen Sinnes. Transzendenz wird hier sehr umfänglich verstanden. Transzendiert wird dabei die Kategorisierung unserer Anschauungen in richtig und falsch, die ausschließliche Gültigkeit von Rationalität, und die Aufteilung in Leib und Seele. Es werden aber auch traditionelle religiöse Gottesbilder transzendiert. Das Numinose, das Unwahrscheinliche, das Wunderbare und das Unfassbare werden in einem größeren Zusammenhang gesehen.

Auf der Basis einer solchen transzendierenden Haltung entwickelten Carl Gustav Jung und Wolfgang Pauli die Idee der Synchronizität. Die Synchronizität wird als eine sinnhafte Verbindung von kausal nicht aufeinander bezogenen Ereignissen verstanden, die in einem zeitlichen Zusammenhang stehen. Jung sprach davon, dass die „Glieder einer sinngemäßen Koinzidenz durch *Gleichzeitigkeit* und durch den *Sinn* verbunden" seien.[1]

Ein wesentliches Element in der Synchronizität ist das Prinzip der Akausalität. Jung verstand sich als empirischer Wissenschaftler und fühlte sich somit den drei naturwissenschaftlichen Begriffen von Raum, Zeit und Kausalität verpflichtet. Aber mit der Synchronizität, bei welcher die Akausalität, das Ursachelose, im Vordergrund steht, wollte er ein Viertes in dieses naturwissenschaftliche System hinzufügen.

Das Zusammentreffen von C. G. Jung als Arzt und Begründer der Analytischen Psychologie mit Wolfgang Pauli, dem theoretischen Physiker und Mitbegründer der Quantenphysik, bildet die Grundlage dafür, dass sich in der Zusammenarbeit dieser beiden kongenialen Persönlichkeiten die Idee der Synchronizität entwickeln konnte. Denn in der Synchronizität bleibt die naturwissenschaftliche Grundlage der Wissenschaft erhalten, wie sie sich in Rationalität, im Ursache-Wirkungs-Zusammenhang und in Nachvollziehbarkeit und Nachprüfbarkeit wissenschaftlicher Erkenntnisse zeigt.

Durch Wolfgang Pauli kommt etwas Wesentliches hinzu, das mit den bis heute gültigen und immer wieder bestätigten Kriterien der Quantenphysik zusammenhängt: Dies ist die Akausalität, die Nicht-Lokalität und die Nicht-Determiniertheit der Welt. Letztlich wird in der Synchronizität versucht, der alten philosophischen Frage nach dem Verhältnis von Materie und Geist nachzugehen. Dreh- und Angelpunkt bleibt dabei, die Sinnhaftigkeit des Geschehens zu erfassen.

Die Sinnhaftigkeit erschließt sich für uns ganz persönlich – für unser Selbst.

Die Symbole des Selbst erscheinen als Symbole der Ganzheit und Vollständigkeit. Ein wichtiges Selbstsymbol, wie es kulturgeschichtlich auf der ganzen Welt vorkommt, ist das Mandala, das Jung als das „Kernatom der Psyche" bezeichnete. Die Erscheinungs- und Erweiterungsformen des Mandalas sind die Kugel, das Kreuz und allgemein eine Tendenz zur Vierheit als Symbol der Vollständigkeit. Allerdings stehe, so Jung, die Vierheit häufig in Konkurrenz zur Dreiheit.

Diese Konkurrenz der selbstischen Vierheit, wie ich sie hier einmal nennen möchte, zur Dreiheit bzw. das Steckenbleiben in der Dreierkonstellation beschäftigte Jung so sehr, dass er und Pauli schließlich die Synchronizität als Lösung fanden, um den drei wissenschaftlichen Begriffen von Raum, Zeit und Kausalität die Synchronizität mit dem Prinzip der Akausalität als Viertes hinzuzufügen.

Um dies nachvollziehen zu können, wird zunächst Jungs Begriff der Naturwissenschaft erläutert. Jung versteht die Menschheitsgeschichte und die Kulturgeschichte als globalen Individuationsprozess. Er parallelisiert die psychologische Selbstentwicklung des Einzelnen, die persönliche Individuation, mit der Entwicklung der Menschheit als Ganzem.

Diese Vorstellung findet sich auch im indischen Denken, in der Annahme, dass die Individualseele und die Weltenseele, Atman und Brahman, identisch sind. Wegen dieser substanziellen Identität ist durch Versenkung in sich selbst, durch eine Innenschau, der Weg zum Göttlichen möglich.

In der Synchronizität geht es nicht um kausale Erklärungen und rational logische Zusammenhänge, sondern es geht um sinnhafte Entsprechungen. So kann es etwa sein, dass jemand von einer Begegnung mit einem alten Bekannten träumt, und in einem gewissen zeitlichen Zusammenhang treffen die beiden Bekannten in der Realität zusammen. Die Entsprechung liegt sowohl in der Sphäre des Geistigen, des Träumens, als auch in der Sphäre des Materiellen, der realen Begegnung. Eine innere Bedeutung dieses Geschehens können nur ganz subjektiv diese beiden Bekannten selbst geben.

Dabei ging es Jung nicht darum, das Blaue vom Himmel zu fantasieren, damit eine Synchronizität produziert ist. Er schreibt sehr deutlich: „Wo immer eine vernünftige Ursache denkbar ist, wird die Synchronizität zu einer höchst zweifelhaften Angelegenheit."[2]

So wird in aufgeklärten psychologischen Kreisen oft nicht mehr ausgerufen: „Das ist ja ein Zufall", sondern: „Das ist ja eine Synchronizität!" Oft gerät dabei in Vergessenheit, zu fragen, was eigentlich der Sinn des scheinbaren Zufalls ist. Wenn Synchronizität in dieser Weise gehandhabt wird, dann verkommt sie zu einem Gesellschaftsspiel. Denn Synchronizität trägt eine tiefe Verbindungsebene zum Weltganzen in sich und insofern einen Zugang zur Numinosität des Geschehens.

Es gibt nach Jung einen Individuationsprozess nach dessen Vollendung die Menschheit zu sich gekommen wäre. Im Verständnis von C. G. Jung geht dieser Prozess vom höheren geistigen Menschen (anthropos) zum gewöhnlichen Menschen (homo) weiter zum Unbewussten mit dem Schatten und den Komplexen und der Triebnatur (Serpens). Der weitere Abstieg führt zur anorganischen Natur, der *prima materia*. Der *lapis philosophorum*, der *Stein der Weisen,* steht am Umkehrpunkt auf dem Weg vom niederen zum höheren Selbst. Von hier beginnt der Wiederaufstieg hin zum „runden Urstoff", welcher der Weltenseele entspricht (*rotundum*). Von hier soll sich der Kreis schließen, wieder hin zum *anthropos*, welcher auf der individuellen Ebene das Ankommen im Selbst darstellt.[3]

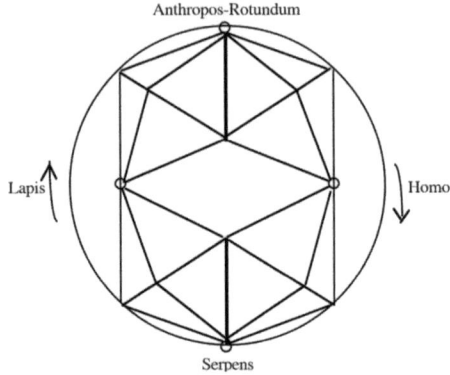

Anthropos-Rotundum

Lapis

Homo

Serpens

Abbildung aus C. G. Jung, GW 9/2, § 391

Im abendländischen Individuationsprozess sei es nach Jung auf der Ebene der Naturwissenschaft zum Stillstand gekommen. Dieser Stillstand rühre daher, dass die Naturwissenschaft sich einseitig auf die Materie verlagert habe. Der Stillstand ist also eine Folge der Einseitigkeit.

Die Alchemie, mit der Jung sich ausführlich beschäftigte, wurde einseitig, indem sie wirklich Gold herstellen wollte. Dadurch verlor die Alchemie den Wandlungsgedanken als geistiges Phänomen aus den Augen. Die Idee der geistigen Transformation ging verloren. In gleicher Weise wie die Alchemie den geistigen Aspekt der Transformation verloren habe, so habe sich die Naturwissenschaft einseitig auf die Materie ausgerichtet und den geistigen Aspekt vernachlässigt. Es sei zu einer „Vergottung der Materie" gekommen.

Für Jung ist aber immer das Wechselverhältnis von Geist und Materie besonders wichtig. Die Analytische Psychologie Jungs versucht stets, Einseitigkeiten auszugleichen. Es geht immer um das Prinzip des „Sowohl-als-auch". Einer zu starken Betonung der Materie in unserer abendländischen bzw. kapitalistischen Welt, so würden wir es heute nennen, muss etwas Anderes, etwas Ergänzendes, gegenübergestellt werden. C. G. Jung schreibt:

> Man hielt Materie für eine berühr- und erkennbare Realität. Doch ist sie ein gänzlich metaphysischer Begriff [...] Materie ist eine Hypothese. Wenn man sagt „Materie", schafft man eigentlich ein Symbol für etwas Unbekanntes, welches sowohl Geist, als irgendetwas Unbekanntes sein kann; es kann sogar Gott sein [...] Der wissenschaftliche Materialismus [...] hat dem höchsten Realitätsprinzip einen anderen Namen gegeben [...] Ob man nun das Prinzip des Seins Gott, Materie, Energie oder sonst wie nennt, man hat damit nichts erschaffen; man hat nur ein Symbol ausgewechselt.[4]

Jung befindet sich in einem Zwiespalt: Auf der einen Seite weist er die Metaphysik ab, da er metaphysisch als Gegensatz zu empirisch versteht, und beruft sich auf die Empirie als einzig gültigem Erkenntnissystem. Hier ist allerdings anzumerken, dass Jung die Empirie relativ einfach als die Evidenz jeglicher psychischen Erfahrung versteht.

In diesem Zusammenhang sollten wir uns auch der Tatsache bewusst sein, dass es eine Hauptfunktion unseres Gehirns ist, Erklärungszusammenhänge herzustellen. Unser Gehirn verarbeitet die Sinneseindrücke höchst subjektiv auf dem Hintergrund der eigenen Erfahrungen und auch der eigenen Interessen oder Vorurteile. Für das Gehirn reicht es aus, wenn die erkannten Zusammenhänge einigermaßen zusammenpassen. Eine Objektivität steht in der Rangliste unseres Gehirns nicht an erster Stelle. Mit den subjektiv hergestellten Zusammenhängen sind wir von daher oft weit von nachvollziehbaren Kohärenzen entfernt (s. a. Kapitel 8).

Jung war es ein wichtiges Anliegen, dass seine Vorstellungen im Rahmen der anerkannten Wissenschaften gesehen werden. Deshalb betonte er immer wieder den Empirismus seiner Darstellung. Mit seinem am Objektiven orientierten Empiriebegriff sah sich Jung in der Tradition der Naturwissenschaft. Diese relativ einfache Empirie, verstanden als Evidenz der phänomenalen Erscheinungen, ist historisch verständlich. Heute haben wir jedoch andere Anforderungen an Empirie.

Es gibt aber auch eine andere Seite bei Jung. Er betrachtete die Materie, also die Grundkategorie jeglicher Naturwissenschaft, in einem transzendenten Sinn als nicht begreifbar, nicht fassbar, als Symbol (siehe Zitat S. 21). Damit begab er sich in die Sphäre der Philosophie und der spekulativen Metaphysik, die er ja als Empiriker eben abgelehnt hatte. Er befand sich somit in einem Zwiespalt. Dieser Zwiespalt ließ sich auf Dauer nicht aufrechterhalten und erforderte eine integrierende Kategorie. Diese Integrationskategorie fanden er und Wolfgang Pauli in der Synchronizität.

1930 sprach Jung erstmals in einer Gedächtnisrede für den kurz zuvor verstorbenen Richard Wilhelm über Synchronizität. Wilhelm hatte das I Ging (das Buch der Wandlungen) vom Chinesischen ins Deutsche übersetzt. „Die Wissenschaft des I Ging beruht nämlich nicht auf dem Kausalprinzip, sondern auf einem bisher nicht benannten [...] Prinzip, das ich versuchsweise als synchronistisches Prinzip bezeichnet habe."[5]

Ab 1948 beschäftigten sich Jung und Pauli näher mit der Synchronizität und veröffentlichen 1952 gemeinsam die Schrift „Naturerklärung und Psyche".[6] Jung schrieb über „Synchronizität als Prinzip akausaler Zusammenhänge". Wolfgang Paulis Beitrag hieß: „Der Einfluss archetypischer Vorstellung auf die Bildung naturwissenschaftlicher Theorien bei Kepler".[7]

Jung bezog sich auf Arthur Schopenhauer, der von „sinngemäßen Gleichzeitigkeitsrelationen" sprach. Schopenhauer vertrat allerdings den Standpunkt eines absoluten Determinismus des Naturablaufs. Dem konnte Jung sich nicht anschließen. Wir werden bei der Darstellung des absoluten Zufalls (s. a. Kapitel 7) sehen, dass der absolute Zufall Grundlage und Bestandteil der Natur ist. Insofern lässt die Natur auch keinen Determinismus zu.

Beim Auftreten von Synchronizitäten scheinen die Grundlagen der Naturwissenschaft – also Raum und Zeit – außer Kraft gesetzt zu sein. Wir begegnen Phänomenen vermeintlicher Gedankenübertragung oder scheinbarer Telepathie. Es geschehen überzufällige und unerwartete Ereignisse jenseits von jeglicher statistischer Wahrscheinlichkeit. Es treten Phänomene auf, die uns einfach wundern und staunen lassen, die uns unfassbar erscheinen. Deshalb spricht Jung von einer „psychischen Relativierung von Raum und Zeit".

Wenn aber die Kategorien Zeit und Raum keine absolute Gültigkeit mehr haben, kann auch das dritte Standbein der Naturwissenschaft nicht mehr ausschließlich gelten: nämlich die Kausalität, der Zusammenhang von Ursache und Wirkung.

Jung schreibt: „Es kann sich daher (beim Auftreten von Synchronizitäten) nicht um Ursache und Effekt handeln, sondern um ein Zusammenfallen in der Zeit, eine Art von *Gleichzeitigkeit*. Um des Merkmals der Gleichzeitigkeit willen habe ich den Ausdruck *Synchronizität* gewählt, um damit einen hypothetischen Erklärungsfaktor, **der ebenbürtig der Kausalität gegenübersteht**, zu bezeichnen."[8] (Hervorhebung B. L.) Damit ist ein Viertes in die Dreierkonstellation der wissenschaftlichen Kategorien eingefügt.

Jung vernachlässigte allerdings die Ergebnisse der Einstein'schen Relativitätstheorie, deren wesentliche Aussage ist, dass wir Raum und Zeit nicht mehr getrennt betrachten können, sondern, dass die Raum-Zeit-Krümmung nur in Abhängigkeit von Materie und Energie zu verstehen ist. Somit setzen Synchronizitäten nicht die „Raum-Zeit-Matrix außer Kraft", wie Jung meinte. Aber Synchronizitäten können doch ein Hinweis auf noch nicht erkannte Zusammenhänge auf der Ebene von Materie-Energie einerseits und Raum-Zeit andererseits sein.[9]

In der theoretischen Physik werden Synchronizitäten unter dem Aspekt diskutiert, dass sie in Verbindung mit Parallelwelten und Paralleluniversen stehen könnten. Vielleicht sind sie der Zipfel der Bettdecke, die andere Welten normalerweise zudeckt.

Für Wolfgang Pauli stand die Tatsache der Gleichzeitigkeit von synchronistischen Ereignissen nicht so sehr im Vordergrund, sondern die sinnhafte Verbindung der Phänomene. Deshalb sprach Pauli lieber von „Sinnkorrespondenz" als von Synchronizität.

Jung wollte mit der Synchronizität dem einseitigen Kausalitätsdenken eine gleichberechtigte Kategorie gegenübersetzen: das akausale Angeordnetsein, das sich in der Synchronizität zeigt.

Für Jung ging es darum, der Wissenschaft ein ganzheitlicheres Denken und Erleben zurückzugeben. Er wollte zu einer ausgeglichenen Symmetrie zwischen Rationalität und Kausalität einerseits und dem Außerrationalen und dem nicht Gewussten andererseits kommen. Zu diesem Spannungsverhältnis schreibt Ernst Peter Fischer sehr eindrücklich: „Die romantische Wissenschaft kann die Menschen nicht ernähren, und die moderne Wissenschaft kann die Menschen nicht trösten."[10]

In jahrelangen Gesprächen und teilweise wöchentlichen Treffen entwickelten C. G. Jung und Wolfgang Pauli ein Quaternio-Schema, das folgendermaßen aussieht:

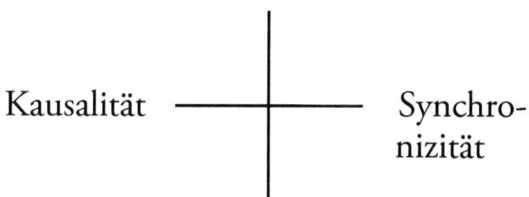

Unzerstörbare Energie

Kausalität ———————— Synchronizität

Raum-Zeit-Kontinuum

Für Jung kommt in diesem quaternär angelegten Muster seine tiefe Grundüberzeugung zum Tragen, dass unser Leben sich im Spannungsfeld von Polaritäten zeigt und es darum geht, die Gegensatzspannungen komplementär zu sehen. Komplementär wird so verstanden, dass es sich um ein Prinzip handelt, bei welchem sich die Dinge und die Begriffe gegenseitig ergänzen und aus der Spannung heraus neue kreative Kräfte der Libido entstehen können.

In diesem Quaternio-Schema fällt die Gleichberechtigung von Kausalität und Synchronizität auf. Und dies war ja auch Jungs zentrales Anliegen: die Akausalität, die Außerrationalität, das Unbewusste, das nicht Gewusste, den vorherrschenden Rationalitäts- und Kausalitätsgedanken gegenüberzustellen.

# Kapitel 2

## Wolfgang Pauli

Wolfgang Ernst Pauli war theoretischer Physiker. Er wurde am 25. April 1900 in Wien geboren. Sein Vater Wolfgang Josef Pauli war Arzt und hatte eine Professur für Kolloidchemie, am ehesten würde man heute von Biochemie sprechen. Der Vater wuchs in Prag auf und entstammte einer strenggläubig jüdischen Familie mit dem Namen Pascheles. Auch wegen zunehmender antisemitischer Stimmung wechselte Paulis Vater nach Wien und konvertierte zum katholischen Glauben. In Wien herrschte damals noch ein günstigeres akademisches Umfeld.

Wolfgang Paulis Mutter, Bertha Camilla Schütz, war eine intellektuelle Frau, ebenfalls katholisch, obwohl ihr Großvater Jude war. Sie war selbstbewusst und bewegte sich im liberalen Umfeld.

Paulis zweiten Vornamen Ernst hat er von seinem Taufpaten Ernst Mach, einem damals schon berühmten Physiker und Philosophen. Mach war für seine Rationalität bekannt. Er sagte gerne: „Zeigen Sie mir ein Atom. Ich habe noch keines gesehen."

Über seine eigene Taufe schreibt Pauli süffisant: „Er (Mach) war wohl eine stärkere Persönlichkeit als der katholische Geistliche, und das Resultat scheint zu sein, dass ich auf diese Weise antimetaphysisch statt katholisch getauft bin."[11]

Wolfgang Pauli entwickelte im Umfeld von Niels Bohr in Kopenhagen und mit Werner Heisenberg und Erwin Schrödinger, um nur einige der großen Physiker zu nennen, die Quantentheorie. In der Quantenphysik zeigt sich ein völlig neues und verändertes Bild von der

Einheit und der Ganzheit unserer Welt. Sie eröffnet den Blick auf die Einmaligkeit des Geschehens. Pauli schreibt, dass mit dem Quantum der Wirkung „das physikalisch Einmalige [...] vom Beobachter nicht mehr abtrennbar" ist, wie es in der klassischen Physik geschehen ist und somit der Physik „der Einzelfall durch die Maschen gegangen ist".[12]

Mit der Betonung des Einzelfalls befinden wir uns schon mitten in der Analytischen Psychologie, in der es um die Herausarbeitung des einzelnen Selbstes geht und um die Individuation.

Pauli war von der Idee getragen und auch beseelt, sowohl die rationale Seite der Wissenschaft als auch die irrational-mystische, außerrationale Seite zu verstehen. Er wollte das Fassbare und das Unfassbare verbinden. 1954 schreibt er: „Ich bin [...] an die Grenze des heute Erkennbaren gekommen und habe mich sogar der Magie genähert. Dabei bin ich mir darüber klar, dass hier die drohende Gefahr eines Rückfalls in primitivsten Aberglauben besteht [...] und alles darauf ankommt, die positiven Resultate und Werte der ratio dabei festzuhalten."[13]

Diese Haltung hat ihn mit Jung zusammengeführt, und der zitierte Satz ist ein Ergebnis eines Austauschs mit C. G. Jung mehr als 25 Jahre. Die beiden trafen sich 1932 in Zürich, als Pauli wegen übermäßigen Alkoholkonsums und damit einhergehender Probleme eine Therapie suchte.

Seine unglaubliche mathematisch-physikalische Begabung zeigte sich z. B. darin, dass er bereits mit 19 Jahren drei Arbeiten über Einsteins Gravitationstheorie schrieb und 1922, knappe 3 Jahre später, einen über 200 Seiten langen Artikel in der berühmten Enzyklopädie der mathematischen Wissenschaften über die Relativitätstheorie veröffentlichte.

Einstein lobte Pauli in den höchsten Tönen: „Man weiß nicht, was man am meisten bewundern soll, das psychologische Verständnis für die Ideenentwicklung, die Sicherheit der mathematischen Deduktion, den tiefen physikalischen Blick, das Vermögen übersichtlicher, systematischer Darstellung, die Literaturkenntnis, die sachliche Vollständigkeit, die Sicherheit der Kritik.“[14]

Einer der physikalischen Lehrer Paulis, Max Born, schreibt über Pauli: „Ein Genie, vergleichbar nur mit Einstein selbst, rein wissenschaftlich vielleicht noch größer als Einstein.“[15]

Mit der Einschränkung „rein wissenschaftlich“ nimmt Max Born vermutlich Bezug auf die Schattenseiten und Akzentuierungen von Paulis Persönlichkeit. Wolfgang Pauli war ein Nachtmensch, und er war mit seiner eigenen Nachtseite schon immer konfrontiert, anders als Werner Heisenberg, mit dem Pauli in München im gleichen Semester Physik studierte. Heisenberg stammte aus bürgerlichen Verhältnissen, spielte hervorragend Klavier und wanderte in den Bergen. Pauli dagegen hielt sich gerne bis spät in die Nacht in die Bars und Kneipen von München auf und erschien zu keiner Vorlesung vor 12 Uhr mittags.

Eine Anekdote erläutert diese Seite von ihm: Als er 1928 eine Professur für theoretische Physik an der Eidgenössischen Technischen Hochschule ETH in Zürich bekam, fragte er, zu welcher Uhrzeit üblicherweise die physikalischen Vorlesungen stattfänden. Im Winter um 8 Uhr früh und im Sommer um 7 Uhr wurde ihm gesagt. Darauf antwortete Pauli: Das dürfte auf die Dauer sehr schwer sein, so lange wach zu bleiben.

Pauli suchte auf Anraten seines Vaters C. G. Jung wegen einer Therapie auf. Jung erkannte die außergewöhnliche Persönlichkeit Paulis, und er spürte wohl, dass in ihrer Zusammenarbeit noch Großes entstehen konnte. Deshalb delegierte er die eigentliche Psychotherapie Paulis an seine Schülerin Erna Rosenbaum.

Pauli war überrascht und gekränkt, dass Jung ihn nicht persönlich behandeln wollte. In einem Brief an Erna Rosenbaum schrieb er: „Ich nahm wegen gewisser neurotischer Phänomene Kontakt zu Herrn Jung auf. Sie hatten mit der Tatsache zu tun, dass es einfacher ist, akademische Erfolge zu erzielen, als Erfolge bei Frauen zu haben. Da bei Herrn Jung das Gegenteil der Fall ist, schien er mir der richtige Mann zu sein, mich ärztlich zu behandeln."[16]

Die Therapie mit Rosenbaum dauerte nur 5 Monate. Sie zog aus ungeklärten Gründen nach Berlin und später (nach 1933), vermutlich wegen der heranflutenden Naziherrschaft, nach London.

Wenig später (ab November 1932) trafen sich Jung und Pauli fast einmal wöchentlich im Haus von Jung. Der Charakter dieser Treffen bleibt ungeklärt. Vermutlich handelte es sich um eine Mischung aus Therapie und wissenschaftlichem Diskurs. In einer über 25jährigen Verbindung wurde von beiden das Synchronizitätsprinzip entwickelt.

Pauli hat die revolutionäre Dimension der Quantenphysik zutiefst erfasst, anders als Einstein, der trotz seiner Relativitätstheorie eigentlich die klassische Feldphysik noch retten wollte. Bezüglich der Quantenphysik sprach Einstein von „spukhafter Fernwirkung", die er nicht wahrhaben wollte. Von dem immer kritischen Wolfgang Pauli wurde ihm deshalb ein

„neurotisches Missverständnis" wegen dieser Haltung unterstellt, mit der er an der alten Feldphysik festhalte, die aber doch eine „ausgequetschte Zitrone" sei.[17]

Pauli bekam wegen seiner kritischen Haltung auch den Beinamen: „Das Gewissen der Physik". Auch im persönlichen Kontakt sparte Pauli nicht an konfrontierender ironischer Kritik. Zu einem Prüfungskandidaten soll er einmal gesagt haben: „Ihre Antwort ist nicht nur nicht richtig – sie ist noch nicht einmal richtig falsch."

Pauli war auch einer der wenigen namhaften Wissenschaftler dieser Zeit, der sich nicht an dem Manhattan Projekt zur Entwicklung der Atombombe beteiligte. In dem streng geheimen Manhattan-Projekt arbeiteten ab 1942 eine Vielzahl Physiker unter Leitung von Robert Oppenheimer. Die Amerikaner wussten gegen Ende des 2. Weltkriegs nicht, wie weit die Deutschen in der Entwicklung der Atombombe waren. In Deutschland wurde unter anderem in Haigerloch südlich von Stuttgart unter Beteiligung von Werner Heisenberg geforscht. Nach dem Krieg wurde festgestellt, dass die Deutschen weit davon entfernt waren, die kritische Masse zur Herstellung einer Atombombe zu erreichen.

In der klassischen Physik, der Newtonschen Physik, geht es meist sehr geordnet zu. Die klassische Physik ist kausal: Eine Billardkugel bewegt sich in einer bestimmten Richtung, weil sie angestoßen wird, und sie bewegt sich eine bestimmte Zeit. Dies alles ist im Prinzip berechenbar. Die Newtonsche Physik ist auch **kontinuierlich:** Ein Apfel fällt entsprechend der Schwerkraft vom Baum und macht in der Luft keine Pirouetten oder Sprünge. Diese klassische Physik ist deterministisch: Es lässt sich (bei Kenntnis aller

Einflussfaktoren) im Voraus bestimmen, wie lange der Apfel fällt und wann er am Boden zu Ende gerollt ist und unbewegt mit seinem Gewicht da liegt. All dies ist sehr anschaulich und nachvollziehbar.

In der Quantenphysik hingegen geht es um unanschauliche Größen und unanschauliche Räume, und es geht um Diskontinuitäten, eben um Sprünge – wie den Quantensprung. In der Mathematik werden die entsprechenden Funktionen als „imaginär" bezeichnet. Die Quantentheorie ist also unanschaulich und imaginär zugleich.

Dies ist für die analytische Psychotherapie interessant, da die Unanschaulichkeit ein wesentliches Bestimmungsmerkmal des Archetypenverständnisses darstellt. Der Archetyp trägt das unanschauliche Momentum immer in sich. Er ist eine Matrix, in der sich das Konkrete, das Anschauliche unserer Welt, erst herausbilden kann. Und das Imaginäre, die Imagination, unsere Vorstellungskraft, spielt eine wichtige Rolle in unserem therapeutischen Vorgehen und verweist auf die höchste Bedeutsamkeit der Fantasietätigkeit.

Was weiterhin sehr wichtig ist, ist dass in der Quantenphysik der objektive Zufall (siehe Kap. 7) vorherrscht. Es lässt sich beim Zerfall eines radioaktiven Elements sehr wohl mit großer Genauigkeit voraussagen, wann die Hälfte einer radioaktiven Substanz zerfallen sein wird (Halbwertszeit). Wann aber ein konkretes Elementarteilchen zerfällt, unterliegt dem absoluten Zufall, ist nicht herleitbar, es geschieht ursachelos, ohne Kausalität. In unserem Kontext ist dies insofern von Belang, als auch C. G. Jung hinsichtlich des Archetyps von einem ursachelosen Angeordnetsein spricht.

Dies alles stellt den Hintergrund für die sich zwischen Jung und Pauli entwickelnde Idee der

Synchronizität dar. Pauli bezieht sich, wie er oft sagt, auf „meinen Schopenhauer", der von „sinngemäßen Gleichzeitigkeitsrelationen" sprach.[18] Jung übersetzt dies mit seinem Begriff der Synchronizität, als Ausdruck für ein Geschehen, in dem die üblichen kausalen Kategorien außer Kraft gesetzt sind.

Die Sinnhaftigkeit ist im Zusammenhang der Synchronizität entscheidend. Dass etwas gleichzeitig geschieht, ist ja nun nichts Besonderes und kommt ständig vor. Es kommt auf den Sinnzusammenhang an, der von uns Menschen verstanden und empfunden werden kann. Wegen dieser Hervorhebung des Sinnes hat Pauli auch meist nicht Jungs Begriff der Synchronizität verwendet, sondern er sprach lieber von Sinnkorrespondenz. Damit meint Pauli das Aufeinanderbezogensein und das Zusammengehören des inhärenten Sinns dessen, was geschieht.

Für Jung ist das Konzept der Synchronizität so bedeutsam, dass er sie nicht nur als Theorie oder eine bloße Ansicht verstanden wissen will, sondern er äußerte sich so, dass die Synchronizität ein notwendiges Erkenntnisprinzip ist. Jung schreibt in dem erwähnten gemeinsamen Buch mit Pauli, dass es sich „bei der Synchronizität nicht (nur) um eine philosophische Ansicht, sondern um einen empirischen Begriff (handelt), der ein der Erkenntnis notwendiges Prinzip postuliert".[19]

Das bedeutet: eine umfängliche, möglichst vollständige Erkenntnis unserer Welt und unserer Psyche erfordert die Einbeziehung dieser Synchronizität und Sinnkorrespondenz.

Hier wird wieder ein zentrales Anliegen C. G. Jungs deutlich: Es bedarf der Synchronizität mit ihrer Erweiterung in die außerrationale Welt, um ein möglichst umfängliches und vollständiges Bild von der Welt und von uns selbst zu erhalten.

Pauli wiederum bezieht sich bei der Frage nach der Erkenntnis nicht nur auf die physikalischen Ergebnisse der Quantenphysik. Er verweist auf Plato und sagt, Erkenntnis sei der Vorgang, der die inneren und die äußeren Vorgänge in Übereinstimmung bringt. Bezüglich der Hervorbringung und Entwicklung von Theorien schreibt Pauli: „Ich hoffe, dass niemand mehr der Meinung ist, dass Theorien durch zwingende logische Schlüsse aus Protokollbüchern abgeleitet werden. […] Theorien kommen zustande durch ein **vom empirischen Material inspiriertes Verstehen,** welches am besten im Anschluss an Plato als zur Deckung kommen von inneren Bildern mit äußeren Objekten und ihrem Verhalten zu deuten ist. Die Möglichkeit des Verstehens zeigt aufs Neue das Vorhandensein regulierender typischer Anordnungen, denen sowohl das Innen wie das Außen des Menschen unterworfen sind."[20] (Hervorhebung B. L.)

Das ist eine interessante Bezeichnung: „vom empirischen Material inspiriertes Verstehen." Die wissenschaftliche Objektivität ist die Grundvoraussetzung für unser Erkennen. Aber sie genügt nicht. Sie ist eine Inspirationsquelle und muss mit unseren Erfahrungen und mit unseren inneren präexistenten Bildern in Übereinstimmung gebracht werden. Für diese inneren Bilder hat Johannes Kepler bereits im 17. Jh. den Begriff des Archetypus verwendet.

Pauli verwendet in diesem Zusammenhang den Begriff „Hintergrundsphysik". Die Quantenphysik stellt den Hintergrund für unsere Erkenntnis und unser Erleben dar. Es geht also um die Wechselwirkung und um die Komplementarität von Bewusstem, Unbewusstem und der Hintergrundsphysik.

Pauli vertraute seiner Intuition. Dies wird an folgendem Beispiel deutlich: In den ersten Jahren der Quantenphysik gab es drei Bestimmungszahlen, für die Charakteristik von Elementarteilchen (sog. Translationen). Mit diesen drei Translationen funktionierte das mathematische Rechenmodell einigermaßen gut. Pauli aber war unzufrieden. Er postulierte eine 4. Quantenzahl, die es einfach geben müsse.

Und dabei leitete er die 4. Quantenzahl nicht her, was man von einem theoretischen Physiker eigentlich erwarten könnte. Er errechnete diese Zahl auch nicht, sondern er setzte sie in die Welt und sagte seinen Physikerkollegen, sie bräuchten es gar nicht nachrechnen, denn er habe es selbst nicht berechnet. Das war natürlich ein starkes Stück.

Pauli schrieb: „Übrigens möchte ich bemerken, dass einst (in der Mitte der 1920er-Jahre) mein Weg zum Ausschließungsprinzip eben mit dem schwierigen Übergang von 3 zu 4 zu tun hatte: nämlich der Notwendigkeit, dem Elektron statt der drei Translationen (Haupt-, Neben- und Magnetquantenzahl, B. L.), noch einen weiteren vierten Freiheitsgrad [...] zuzuschreiben. Mich dazu durchzuringen, dass entgegen der naiven Anschauung auch die vierte Quantenzahl die Eigenschaft eines und desselben Elektrons ist [...] das war die eigentliche Hauptarbeit.“[21]

Später bestätigte sich diese Intuition. Die 4. Quantenzahl ist das, was heute als Spin der Elementarteilchen bekannt ist.

Pauli bekam für das nach ihm benannte Ausschließungsprinzip (siehe Kap. 4), das mit dieser 4.

Quantenzahl zusammenhängt, den Physiknobelpreis im Jahr 1945.

Bei einer solchen Hervorhebung der Zahl 4 verwundert es auch nicht, dass die 4 Eckpfeiler der Synchronizität ebenso in einem Quaternio-Schema, wie im letzten Kapitel gezeigt, dargestellt werden.

Pauli gefiel die Gegenüberstellung von Kausalität und Synchronizität sehr gut, da sie die Komplementarität bestätigt, wie sie essenziell in der Quantenphysik zum Tragen kommt. Für Pauli handelte es sich bei der Komplementarität um „eine eigentümliche, klassisch nicht beschreibbare Art von Zweideutigkeit". So etwa bei dem Spin der Elektronen. Ein Elektron „bringt es auf eine rätselhaft unmechanische Weise fertig, in zwei Zuständen [...] mit verschiedenem Impuls zu laufen".[22]

Wir bemerken schon an der Wortwahl – „eigentümlich, rätselhaft", – dass man sich hier im Bereich des nicht Festgelegten, des Geheimnisses, des Unanschaulichen, des Imaginären und auch des Unfassbaren bewegt.

Auch im archetypischen Feld begegnet man der Unanschaulichkeit, Polarität und dem schöpferischen Entfaltungsraum für das Mögliche.

Interessant ist in diesem Zusammenhang ein Satz von Anton Zeilinger aus Wien, einem der führenden gegenwärtigen Quantenphysiker. Er zitiert Ludwig Wittgenstein: „Die Welt ist alles, was der Fall ist." Und da die Quantenwelt eine Welt der Möglichkeiten ist, sagt Zeilinger, dass diese Sichtweise Wittgensteins zu eingeschränkt ist und man den Satz ergänzen muss, weil die Welt mehr ist: „Die Welt ist alles, was der Fall ist, und auch alles, was der Fall sein kann."[23]

Wie der Archetyp eine Grundlage für die Möglichkeiten dieser Welt ist, so trägt die Quantentheorie genau die gleiche Aussage in sich als Möglichkeitsform dieser Welt.

Vergegenwärtigen wir uns, worin die Bedeutung des Zusammentreffens dieser beiden genialen Persönlichkeiten Carl Gustav Jung und Wolfgang Pauli besteht:

Ein wesentlicher Ansatz der Analytischen Psychologie ist die Erweiterung des reduktiven Ansatzes von Freud, für den das Unbewusste lediglich die Verdrängungen im Rahmen des persönlichen Unbewussten darstellte. Jung führte die archetypische und kollektive Ebene als Grundlage unserer Psyche ein. Dazu bedurfte es einer Offenheit für nicht gewusste Ebenen unter Einbeziehung von kollektiven Phänomenen wie der Religiosität, der Mystik, magischen Phänomenen und der Bedeutung des Zufalls.

Pauli wiederum war fasziniert von ebendiesen Erscheinungsformen des Unbewussten, und er wollte der Intuition, der Imagination und der Bedeutung des Einzelfalls einen Raum verschaffen. Die Quantenphysik bot ihm hierzu die Basis. Die Quantenphysik ist die exakteste und genaueste Physik, die uns zur Verfügung steht, und sie steht somit ganz auf dem Boden üblicher wissenschaftlicher Kriterien wie Überprüfbarkeit und Reproduzierbarkeit. Und gleichzeitig führen uns die Erkenntnisse der von Pauli mitentwickelten Quantenphysik in Bereiche, die Jung am Herzen lagen.

In Jungs Archetypenmodell spielt die Polarität und die Vereinigung der Gegensätze eine wichtige Rolle. Das Konzept des Schattens zum Beispiel beruht darauf, dass – ähnlich wie beim Yin und Yang – eine Komplementarität im Wesen der Dinge besteht, so dass Licht und Schatten immer zusammengehören und sich gegenseitig und komplementär ergänzen.

Auch in der Psyche gibt es Polaritäten von inkompatiblen Begriffen: Liebe – Hass, Leben – Tod, Licht – Dunkelheit; Begriffe, die wir nur in und mit der Komplementarität in ihrer Tiefe erfassen können.

# Kapitel 3

## Irrationales und Außerrationales

Die Beschäftigung mit der Synchronizität führt uns in Bereiche, die außerhalb der üblichen und nachvollziehbaren Kategorien wie Logik, Kausalität und Rationalität liegen. Wie oft staunen wir, wie oft wundern wir uns, sind perplex, und versuchen, angesichts des geradezu Unfassbaren von synchronistischen Ereignissen, wieder die Fassung zu finden.

Mitunter drücken wir dies so aus: Das ist ja unglaublich, unvorstellbar, das ist ein Wunder, das gibt es doch gar nicht. So versuchen wir das Unfassbare, das unseren üblichen, einordnenden Geist übersteigt, zu umschreiben. Und – wir sind oft aufs Tiefste berührt. Rationalität und Gefühl sind plötzlich in Verbindung. Letztlich kommen wir mit einer Welt in Berührung, die seit Descartes sorgsam aus unserem rationalen Leben herausgehalten wurde. Im religiösen Kontext werden solche Phänomene oft als Wunder bezeichnet. Dieser Sprachgebrauch ist heute weitgehend obsolet. Heute sprechen wir eher von Mystischem, Magischem und vom Numinosen, um das Hineinragen einer anderen Welt in unsere übliche Gebrauchswelt zu umschreiben.

Angesichts der doch sehr häufigen synchronistischen Ereignisse geht es wohl darum, den beinahe unerschöpflichen Teil des **Un-Ge-wussten** anzuerkennen. Es geht nicht nur um das Un-Be-wusste, das wir schon aus den Zeiten von Carl Gustav Carus kennen, sondern auch um das Un-Gewusste.

Jung bewunderte den Arzt, Maler und Naturphilosophen C. G. Carus (1769-1869), der wesentlich an der Entwicklung des Begriffs des Unbewussten vor Freud beteiligt war. Die Schreibweise „C. G." Jung geht auf diese Sympathie zurück. Denn Jung wurde von seinen Eltern als Karl Gustav getauft, und er änderte diese Schreibweise erst im jungen Erwachsenenalter in Carl Gustav.[24]

Die Verwendung des Begriffs des Ungewussten in diesem Buch weist auf mehr hin, als es das Unbewusste assoziieren lässt. Das Unbewusste, wie es in der Psychologie und Psychoanalyse verwendet wird, trägt immer die Annahme und Vermutung des Noch-Nicht-Gewussten in sich.

Anders ist es beim Ungewussten. Dieses Ungewusste repräsentiert eine andere Welt, die sich auch beim genauesten Hinschauen und bei immer mehr verfeinerten Methoden uns nur teilweise öffnet. Das Ungewusste beinhaltet also das Geheimnis, das sich uns nie ganz erschließt.

In Märchen gibt es das Motiv des Zimmers, das nie betreten werden darf. Ich vermute, dass mit diesem Zimmer auf symbolischer Ebene das Ungewusste gemeint ist. Die Überschreitung der Grenzen zu diesem Ungewussten hat im Märchen oft schwerwiegende Konsequenzen.

Im Märchen „König Blaubart" ist ein Mädchen zur Frau des König Blaubart avanciert und damit zur Königin. Es mangelte ihr an nichts. Alles stand ihr offen. Nur eine einzige Kammer war verboten. Diese Kammer durfte sie nicht betreten. Im Märchen sagte der König: „Ich muss eine große Reise machen, da hast du die Schlüssel zu dem ganzen Schloss, du kannst überall aufschließen und alles besehen, nur die Kammer, wozu dieser kleine goldene Schlüssel gehört, verbiete ich dir; schließt du die auf, so ist dein Leben verfallen." Das heißt, die Überschreitung der Grenzen wird mit existenzieller Strafe bedroht und weist somit auf die Bedeutung des Tabus der verbotenen Kammer hin. Wir können dies als Hinweis verstehen, dass es ein archetypisches Prinzip gibt, dass es immer Ungewusstes im Leben gibt und geben wird.

Als weiteres Beispiel für das Ungewusste mag auch unser kosmologisches Weltbild dienen. Das heliozentrische Weltbild, in welchem die Sonne im Zentrum der Welt verortet wurde, haben wir ja nun schon eine Weile überwunden.

Heute spricht einiges dafür, dass der Kosmos sich an den Rändern ständig erweitert und wir keine Ahnung haben, wohin er sich erweitert. Wesentliche Kategorien dabei sind die Materie und die Energie. In der Astronomie spricht man von „dunkler Masse" und „dunkler Energie." Wir können nur die Auswirkungen dieser dunklen Masse und dunklen Energie erahnen, und wir brauchen ihre Existenz als Hypothese, damit unser kosmologisches Weltbild funktioniert, aber wir wissen nicht, um was es sich dabei handelt. Es geht hierbei nicht um „peanuts", sondern um höchst relevante Größenordnungen: Man vermutet, dass von der Gesamtmasse und Gesamtenergie im Weltall 80% bis 95% aus dunkler Masse und Energie bestehen. Der gewusste und gut gekannte Teil unseres kosmologischen Weltbildes macht also nur einen geringen Teil des Ganzen aus. Der überwiegende Rest ist ungewusst.

Ich möchte mit diesem Beispiel deutlich machen, um welche gewaltigen Dimensionen es geht, wenn wir vom Ungewussten sprechen. Das Ungewusste mit seinen Kriterien von Akausalität, Irrationalität bzw. Außerrationalität erscheint so als Normalfall.

Wir bekommen ein Gefühl dafür, welche Bedeutung es hat, wenn Carl Gustav Jung und Wolfgang Pauli mit der Idee der Synchronizität uns den Blick für die Wirkkraft des außerrationalen Ungewussten öffnen.

Manchmal verwendete Pauli den Begriff des Außerrationalen, um aus einer gewissen Beengung hinauszuweisen, die beim ausschließlichen Gebrauch der Begriffe rational und irrational bestehen könnte.

Das Rationale ist die lateinische Übersetzung des griechischen logos, das in der griechischen Philosophie „sprachlich artikuliertes Reden" und „vernünftiges Erkennen" bedeutet. Logisch-rationales Reden und Erkennen beansprucht stimmig, konsequent, nachvollziehbar, konsistent und auch anschaulich zu sein.

Der letzte Punkt der Anschaulichkeit ist in unserem Kontext besonders wichtig, denn für C. G. Jung ist im Zusammenhang mit den Archetypen insbesondere die Unanschaulichkeit ein Kennzeichen des archetypischen Geschehens. Das bedeutet: das Archetypische repräsentiert zu einem gewissen Teil das Außerrationale, das seit Descartes im wissenschaftlichen Diskurs verdrängt und ins Abseits gestellt wurde.

Hier findet sich eine Gemeinsamkeit mit der Quantenphysik. Eine der quantenphysikalischen Implikationen ist die Unanschaulichkeit. In der Quantentheorie wird ein Möglichkeitsraum geschaffen. Die konkreten Ergebnisse und Erscheinungen treten mit einer gewissen Wahrscheinlichkeit auf, aber nicht mit Sicherheit. Die Welt ist nicht determiniert. Dies geht auf Kosten der Anschaulichkeit, die konkrete Bilder und Vorstellungen braucht. Wenn wir etwas anschauen wollen, so hilft es uns, die konkreten Begrenzungen und Bestimmungen des Angeschauten zu sehen.

Unbestimmtheiten, wie sie in der Heisenberg'schen Unbestimmtheitsrelation (siehe Kap. 4) auftreten, verunsichern uns in unserem Objektivierungswunsch.

Klassische Mathematik und Physik beziehen sich auf verschiedene Zahlenarten: natürliche, ganze und rationale Zahlen. Eine weitere Kategorie bilden die irrationalen Zahlen. Diese haben unendlich viele Nachkommastellen und können deshalb nicht genau bestimmt werden. Ein Beispiel ist die Kreiszahl Pi.

Für die neue und größere Ganzheit, die wir mit der Quantenphysik verbinden, brauchen wir Größen und Begriffe, die mit dem Imaginären und dem Transzendieren der üblichen Rationalität zu tun haben.

Hier tauchen das Symbol und der Buchstabe i auf. Dieses i steht für eine imaginäre Einheit. Das imaginäre i findet sich in der allgemeinsten Form der Wellengleichung von Erwin Schrödinger zur Beschreibung dessen, was auf der Quantenebene vor sich geht. Das kleine i verweist auf Etwas, das notwendigerweise und unabdingbar gebraucht wird, damit die Quantentheorie funktioniert. Schrödinger hatte aufgrund seiner Erkenntnisse die imaginäre Einheit i in seine Formel aufnehmen müssen. Er war aber gar nicht zufrieden damit und hätte sie gerne wieder entfernt. Aber das imaginäre i war nun einmal in der Welt und ließ sich nicht mehr wegzaubern, sonst würde die Gleichung nicht funktionieren.

E. P. Fischer schreibt, dass die Mitbegründer der Quantenphysik – u. a. Heisenberg, Max Born und Pascual Jordan – sahen, „dass sie die Wirklichkeit der Atome mit imaginären Zahlen darstellen müssen und können, [...] dass man die Realität transzendieren muss, um sie beschreiben zu können. [...] Tatsächlich überschreiten imaginäre Zahlen die Grenze des Wirklichen.

Sie gehören nicht der diesseitigen Welt, dafür aber einer transzendenten (jenseitigen) Sphäre an."[25]

Und mit Blick auf die Komplementarität schreibt Fischer: „Zwar können in der realen Welt nach wie vor keine imaginären Zahlen ausgemacht werden, aber was in dieser Realität abläuft, kann trotzdem nur mit imaginären Größen aus einer zweiten Zahlendimension beschrieben und berechnet werden, was einem treuen Anhänger der Komplementarität nur Vergnügen bereiten kann, auch wenn es manche Leute stutzen lässt."[26]

Das Vergnügen E. P. Fischers an der Ganzheit, die nur dann entsteht, wenn wir das Eine **UND** das Andere in ihrer Widersprüchlichkeit sehen, ist durch diese Zeilen gut hindurchzuspüren.

Im Kontext unserer Betrachtung der Außerationalität und Synchronizität ist es sehr bedeutsam, dass auf subatomarer Ebene Faktoren ins Spiel kommen, die mit anderen Wirklichkeitswelten zu tun haben: Die Imagination ist Ausdruck unserer geistigen Freiheit, die Transzendenz ist ein Symbol dafür, dass unsere Existenz mehr ist als die bloße Anschauung. Die Irrationalität und Außerrationalität ist eine Vervollständigung unserer rationalen Welt.

Das empirische Denken wird nicht verabsolutiert, wie es unsere heutige Wissenschaft oft fordert, sondern das Verstehen ist „vom empirischen Material inspiriert". Die Faktizität ist als Grundlage des Weltverstehens notwendig, aber sie ist nicht hinreichend, damit wir ein vollständiges Bild der Welt gewinnen können. Wir brauchen unsere Gefühle und unsere Intuition, um die archetypische Dimension des Verstehens wirklich zu umfassen. Pauli bringt diese Art des Verstehens in Zusammenhang mit der Übereinstimmung von innen und außen.

Hier ist also kein Platz für alternative Fakten oder Verleugnung des Faktischen. Hier geht es um Erweiterung und Vervollständigung der Erkenntnis und nicht um Reduktion und Weglassung.

Johann Wolfgang von Goethe drückt dies wunderbar in einem Gedicht aus:

**Epirrhema**
Müsset im Naturbetrachten
Immer eins wie alles achten;
Nichts ist drinnen, nichts ist draußen:
Denn was innen, das ist außen.
So ergreifet ohne Säumnis
Heilig öffentlich Geheimnis.
Freuet euch des wahren Scheins,
Euch des ernsten Spieles:
Kein Lebendiges ist ein Eins,
Immer ist's ein Vieles.

Nun hat die Irrationalität gerade in heutigen Zeiten einen schlechten Ruf. Sie wird häufig mit einem Übermaß von Eigentümlichkeit, akzentuierten politischen und emotionalen Haltungen in Zusammenhang gesehen und steht dadurch in Gegensatz zu dem, was wir mit der Aufklärung und der Emanzipation des Einzelnen in Verbindung bringen.

Ich spreche in diesem Buch lieber von Außerrationalität, wie sie Pauli auch schon so benannt hat, um aufzuzeigen, dass es außer der Mainstream-Rationalität etwas Anderes, Erweiterndes und – im Sinne der Individuation – Weiterführendes gibt, das über die Rationalität hinaus geht. Wir können in den intuitiven Anmutungen, die außerhalb von Ratio, Logik und üblichem Verstand liegen, das Förderliche sehen. Wir können erkennen bzw. spüren, dass in dem Außerrationalen, wie es sich in der Synchronizität zeigt, eine Erweiterung unserer Anschauung der Welt möglich ist. Insofern geht es bei der Beschäftigung mit Synchronizitäten immer auch darum, unsere Grenzen zu überschreiten. Diese Transzendierung steckt auch in dem kleinen i, der imaginären Einheit.

Immer wieder spielt im Zusammenhang der Synchronizität Unfassbares eine Rolle, das diesem Buch seinen Titel gegeben hat als „Unfassbare Synchronizität".

Synchronistische Ereignisse bringen im wahrsten Sinne des Wortes unfassliches und unfassbares Geschehen ins Bewusstsein.

Die Intuition ist nicht fassbar. Wir fühlen sie; sie gibt uns Entscheidungshinweise und manchmal innere Gewissheit. Sie ist wie eine innere Stimme.

Ein Paar erlebte einmal folgende Geschichte. Die beiden beabsichtigten, ein Haus zu kaufen und vereinbarten einen Termin mit einer Maklerin. In der Nacht vor dem Termin träumte die Frau, dass auf dem Boden eines Brunnens zwei Ringe lagen. Sie fragte ihren Mann, wer denn die Ringe herausholen soll. Dieser sagte mit der größten Selbstverständlichkeit: „Ein Frosch natürlich. Wer sonst?" Wenig später war der vereinbarte Termin mit der Maklerin. Sie begrüßte das Paar und stellte sich mit den Worten vor: „Guten Tag, Frosch ist mein Name."

Da weder bei der telefonischen Vereinbarung des Termins noch in anderem Zusammenhang der Name „Frosch" gefallen war, war das Paar natürlich in höchstem Masse perplex über diese Synchronizität. Sie nahmen es auch als Hinweis und Zeichen für die innere Stimmigkeit des Geschehens. Es brauchte dann gar nicht mehr viel Überlegung, und sie kauften das Haus.

Synchronizitäten können uns, wenn wir sie ernst nehmen, wichtige Botschaften und Hinweiszeichen aus dem Ungewussten für unsere bewussten Entscheidungen geben.

Erst durch den kartesischen Schnitt kam es zur Trennung des Geistigen vom Materiellen und dies hat einige Jahrhunderte auch ganz gut funktioniert, allerdings um den Preis der Gespaltenheit und dem Preis einer fehlenden Ganzheit. Eine quantenphysikalisch informierte Synchronizität, wie sie durch Wolfgang Pauli repräsentiert wird, ermöglicht es, uns zu neuer Ganzheit zu finden (s. a. Kapitel 6).

Pauli hatte als theoretischer Physiker einerseits die rationale Seite zur Verfügung. Er bekam 1945 den Physiknobelpreis für sein Ausschließungsprinzip. Physiknobelpreise werden üblicherweise nicht für spleenige Ideen vergeben, sondern für begründete physikalische Forschungen. Andererseits hatte Pauli einen Sensus für den außerrationalen Bereich. Seine Einflüsse auf praktische physikalische Experimente sind immer wieder als störendes oder zerstörendes Element beschrieben.

In der Wissenschaftsgeschichte ist mir eine so intensive physikalisch-psychologische Zusammenarbeit wie die von Wolfgang Pauli und C. G. Jung nicht bekannt. Pauli war sich der Gefahren bewusst, die darin liegen, dass mit diesen Gedankengängen die ausschließliche Grundlage von Rationalität und Kausalität überschritten wird – hinein ins Außerrationale.

Die Unerschrockenheit Paulis, die aber auch seine kaum vorhandene diplomatische Seite offenbart, zeigt sich auch in folgender Episode:

Einstein hielt in Berlin im akademischen Zusammenhang eine Vorlesung über die Relativitätstheorie. Wolfgang Pauli war in dieser Zeit wohl noch Student. Als Einstein geendet hatte und die Honoratioren und Professoren noch überlegten, wer als Erster eine Frage stellt, stand Pauli auf und wandte sich an das Publikum mit der Bemerkung: „Was Professor Einstein gerade gesagt hat, ist nicht wirklich so dumm, wie es sich angehört haben mag." Eine Reaktion Einsteins oder aus dem Publikum ist nicht überliefert.[27]

Pauli war sich als rationaler theoretischer Physiker durchaus der möglichen Fallstricke bei der Beschäftigung mit Außerrationalem bewusst.

Er schreibt: „Nach meiner Ansicht ist es nur ein schmaler Weg der Wahrheit [...], der zwischen der Scylla des blauen Dunstes von Mystik und der Charybdis eines sterilen Rationalismus hindurchführt. Der Weg wird immer voller Fallen sein, und man kann nach beiden Seiten abstürzen."[28]

Pauli wusste schon, was er tat, als er mit Jung zusammenarbeitete, um die Synchronizitätsidee zu entwickeln. Er schreibt:

Viele Physiker und Historiker haben mir geraten, ich solle [...] die Verbindung meines Keplerartikels mit C. G. Jung ganz lösen. [...] Auf den Astralkult von Jungs Umgebung pfeife ich, aber das, d. h. diese Traumsymbolik, gibt den Ausschlag! Das Buch selbst ist eine schicksalhafte Synchronizität und muss es bleiben. Ich bin sicher, dass ein Zuwiderhandeln schlimme Folgen für mich hätte. „Dixi et salvavi animam meam" („Ich habe gesprochen und meine Seele gerettet").[29]

# Kapitel 4

## Kleine Quantenkunde

„Früher oder später werden sich Atomphysik und Psychologie des Unbewussten in bedeutender Weise annähern, da beide, unabhängig voneinander und von entgegengesetzter Seite, in transzendentales Gebiet vorstoßen, jene mit der Vorstellung des Atoms, diese mit der des Archetyps."[30] (C. G. Jung)

Im Folgenden werden einige wesentliche Begrifflichkeiten der Quantenphysik dargestellt, mit dem Wunsch, die Leser mögen ein Gefühl und eine Anmutung für das physikalische Umfeld der Synchronizität finden.

Es geht in diesem Kapitel nicht um Rechenmodelle der Quantenphysik, sondern darum, zu fühlen und zu intuieren und unsere Imaginationen als geistigen Prozess in diesem Umfeld gelten zu lassen. Es geht um ein fühlendes Verstehen, welche Grundannahmen und Gedanken in der Synchronizität und der Analytischen Psychologie C. G. Jungs auf der Basis der quantenphysikalischen Implikationen zu finden sind.

Wolfgang Pauli schlug vor, „physikalische Begriffe als archetypische Symbole" zu verstehen.[31] Da in der Analytischen Psychologie Symbole eine zentrale Bedeutung haben, bekommen wir hier ein Gefühl, wie nahe beieinander Quantenphysik und Analytische Psychologie sind.

Die Quantenphysik begann im Jahr 1900 mit physikalischen Versuchen von Max Planck. Das Jahr 1900 ist auch das Geburtsjahr von Wolfgang Pauli. Mitte der 1920er-Jahre wurde die Quantenphysik durch Niels Bohr, Werner Heisenberg, Erwin Schrödinger,

Wolfgang Pauli und anderen entwickelt und weiterentwickelt. Sie bedeutete eine Revolutionierung der klassischen Newton'schen Physik.

Max Planck (1858-1947) wurde Ende des 19. Jhd. von einem Glühbirnenhersteller in Berlin beauftragt zu berechnen, welche Energie von einem Glühfaden ausgesendet wird. Dies war mit den damaligen theoretischen Ansätzen der Newton'schen Physik nicht möglich. So verfiel er in einem „Akt der Verzweiflung"[32] darauf, anzunehmen, dass die Energie eines heißen strahlenden Körpers nicht kontinuierlich, sondern in kleinen Päckchen, die er bald Quanten nannte, abgegeben wird. Diese Diskontinuität können wir uns wie die Tropfen eines undichten Wasserhahns vorstellen. Tropfende Wasserhähne gab es damals schon, aber eine diskontinuierliche, quantenhafte Aufteilung von Energie gab es in der bis dahin geltenden klassischen Physik nicht.

## Kausalität

In der klassischen Physik gilt das Kausalitätsgesetz: Eine Wirkung, z. B. das Rollen einer Billardkugel, muss logischerweise eine Ursache haben, nämlich, dass diese durch den Billardspieler angestoßen wurde. Die entsprechenden Vorgänge sind aufgrund der Kausalität berechenbar und vorhersagbar. Wie wir sehen werden, gilt dieses Kausalitätsgesetz von Ursache und Wirkung in der Quantenphysik nicht mehr als alleinige Grundlage des Systems.[33]

Nun könnte man sagen, dass das für Physiker sicher interessant ist, aber Psychologen nicht unbedingt interessieren muss. Wir finden jedoch in den Begriffen und der Vorstellungswelt der Quantenphysik einige Kategorien, die uns auch in der Analytischen

Psychologie beschäftigen, so dass es lohnend ist, sich dies näher anzuschauen.

Das Wort „Quantenphysik" erweckt meist die Assoziation von etwas sehr Schwierigem und Undurchschaubarem. Auf der Ebene der Formeln und Rechenprozesse mag dies stimmen. Aber hier soll es darum gehen, welche Bedeutung die Quantenphysik für unser Welt- und Menschenbild hat und welche Verbindungen es dabei zur Synchronizität gibt.

Sie müssen keine Sorgen haben: Ich bin kein Physiker, sondern Arzt und Psychotherapeut und insofern wird in dieser kleinen Quantenkunde keine einzige mathematisch-physikalische Formel auftauchen.

Max Planck konnte seine von ihm durchgeführten Versuche über die Aussendung von Strahlung bei der Erhitzung von sogenannten schwarzen Körpern (das heißt sie senden kein Licht aus) nicht anders interpretieren, als dass es eine „fundamentale Unstetigkeit in der physikalischen Natur" gibt, wie er es nannte. D. h., dass in der Natur nicht alles kontinuierlich vor sich geht, sondern im Gegenteil, dass Energie in kleinen Energieportionen transportiert wird. Wie bereits erwähnt, nannte Max Planck diese kleinen Energiepäckchen Quanten. Diese Beobachtung stand im Gegensatz zur klassischen, Newtonschen Physik, in welcher es immer Kontinuitäten gibt, in der also eine Wirkung immer aus einer Ursache folgt.

## Klassische Physik und Quantenphysik

Die klassische Physik, die Newton'sche Physik, befasst sich mit Größen und Kategorien die immer kontinuierlich, kausal und deterministisch sind.

In der Quantenphysik dagegen geht es um unanschauliche Größen und unanschauliche Räume und es geht um Diskontinuitäten, eben um Sprünge, um Quantensprünge. Der Quantensprung bezeichnet den Wechsel eines Teilchens in seinem Energieniveau. Das kann von einem höheren auf ein niedrigeres Niveau sein oder umgekehrt, von einem energieärmeren in einen energiereicheren Zustand. In der Mathematik werden die entsprechenden Funktionen als imaginär bezeichnet. Das heißt, die Quantentheorie ist unanschaulich und imaginär zugleich.

Dies ist für uns in der analytischen Psychotherapie interessant, da die Unanschaulichkeit ein wesentliches Bestimmungsmerkmal in unserem Archetypenverständnis darstellt. Der Archetyp trägt nach diesem Verständnis das unanschauliche Momentum immer in sich. Er ist eine Matrix, in der sich das Konkrete, das Anschauliche unserer Welt, erst aus dem Unanschaulichen herausbilden kann.

Und ein weiteres: das Imaginäre, die Imagination, unsere Vorstellungskraft spielt eine wichtige Rolle in unserem therapeutischen Vorgehen und verweist auf die höchste Bedeutsamkeit unserer Phantasietätigkeit.

In Klammern sei angemerkt, dass Werner Heisenberg in seiner mathematischen Beschreibung dieses unfassbaren Phänomens sich einer sogenannten Matrizenmechanik bediente, so dass die Matrix, ebenso wie im Archetypenkonzept, in diesem Zusammenhang auch eine Rolle spielt.

Max Planck bezeichnete diese Unstetigkeit als das Quantum der Wirkung, was heute als Quantensprung bekannt ist. Die Wirkung besteht darin, dass diese Konstante „zwischen der Energie von Licht und seiner Frequenz vermittelt."[34]

Im Folgenden sollen einige Begriffe der Quantenphysik erläutert werden.

# Quantensprung

Im Bohr'schen Atommodell (Niels Bohr war Paulis Mentor) bewegen sich die Elektronen auf beständigen Bahnen, die jeweils ein bestimmtes Energieniveau haben. Nach Max Planck darf ein Energiewechsel eines Elektrons auf ein höheres oder auch ein niedrigeres Energieniveau (Quantensprung) nur in festgelegten Mengen, Päckchen oder eben Quanten erfolgen. Die Energiemenge, um die es dabei geht, ist winzig klein und wird durch die sog. Planck-Konstante definiert. Sie ist eine Naturkonstante und hat einen eindeutig festgelegten Wert ($6,6 \times 10^{-34}$ Joulesekunden). Es wird also Energie (Joule) mit Zeit (Sekunden) in Zusammenhang gebracht. Der heute übliche Gebrauch des Begriffs „Quantensprung" als Symbol für etwas ganz Besonderes, geradezu Revolutionäres und ganz Großes dreht also das Winzige des physikalischen Quantensprungs sinnentstellend ins absolute Gegenteil. Wahrscheinlich ist dies ein Nachklang davon, dass die Quantentheorie damals in den 1920er Jahre tatsächlich eine Revolution in der Physik war. Die Quantentheorie war eine große Revolution für die Physik, während das physikalische Plancksche Quantum ganz im Gegenteil die kleinste Energieänderung angibt, die in der Natur überhaupt möglich ist.

# Heisenbergsche Unschärferelation / Unbestimmtheitsrelation

„Teilchen sind wie Politiker: Umso mehr man versucht, sie auf etwas festzulegen, umso schneller wechseln sie ihre Position." So humorig beschreibt Brian Clegg das Verhalten von Teilchen in seinem Buch „Quantenphysik in 30 Sekunden."[35]

Die Unschärferelation oder auch Unbestimmtheitsrelation bedeutet, dass der Ort und die Geschwindigkeit (physikalisch genauer: der Impuls) eines atomaren Teilchens nicht unabhängig voneinander bestimmt werden können. Wenn der Ort, an dem ein Teilchen sich befinden soll, exakt festgelegt wird, braucht es einen Zeitraum, also keinen exakten Zeitpunkt, in welchem das Teilchen sich wahrscheinlich dort aufhält.

Umgekehrt gilt das Gleiche: Lege ich einen Zeitpunkt für das Teilchen fest, so wird der Ort, an dem es sich befindet, unscharf.

Dies ist ein Aspekt der Unfassbarkeit der Quantenphysik und der Synchronizität.

Dies hat Folgen für unser Weltbild, in welchem es exakt und objektiv zugehen soll, was aber etwa im Bereich der Psychologie nicht der Fall ist, wie wir aus eigener Erfahrung wissen, auch wenn die wissenschaftliche Psychologie diese Exaktheit gerne hätte.

In der Quantenphysik bestätigt sich das Gleiche. Eine exakte Bestimmung eines subatomaren Teilchens hinsichtlich seines Ortes und seiner Zeit ist nicht möglich, was sich in der Bezeichnung Heisenbergsche Unschärferelation wieder findet.

E. P. Fischer hält diese Bezeichnung „Unschärfe" noch für einen viel zu euphemistischen Begriff. Denn es ist so, dass wir über den komplementären Zustand (Ort oder Zeit) gar keine Aussage machen können, wenn wir ihn nicht beobachtet haben. Es gälte, so Fischer, also nicht eigentlich eine Unschärfe, sondern eine Unbestimmtheit.

All diese Einschränkungen hinsichtlich Unschärfe, Unbestimmtheit und Wahrscheinlichkeiten (also keinen Sicherheiten) sind zentraler Bestandteil der Quantenphysik, obwohl die Quantenphysik die exakteste aller Wissenschaften ist, die uns zur Verfügung steht.

## Pauli-Verbot bzw. das Ausschließungsprinzip

Wie bereits erwähnt, gab es in den 1925er-Jahren zur näheren Beschreibung der Eigenschaften des Elektrons im Bohrschen Atommodell drei Quantenzahlen, mit denen sich mehr oder weniger gut hantieren ließ. Pauli war damit unzufrieden, und er postulierte die Existenz einer vierten Quantenzahl.

Zwei Vorgaben waren mit dieser neuen Quantenzahl verknüpft: Sie sollte für eine „klassisch nicht beschreibbare Art von Zweideutigkeit" stehen, und sie durfte nur halbzahlige Werte annehmen, also nicht 1, 2 oder 3 sondern z.B 1/2 oder 3/2.

Die Richtigkeit seiner Intuition bestätigte sich im Laufe der Jahre, und die 4. Quantenzahl ist heute das, was man als Spin des Elektrons (eine Art Eigenrotation) bezeichnet.[36]

Die Physik ist seither allerdings nicht stehen geblieben. Heute kennt man die Bosonen, (benannt nach dem indischen Physiker Satyendranath Bose) die Photonen des Lichts, die entgegen Paulis ursprünglicher Annahme, einen ganzzahligen Spin tragen. Der Preis dafür ist, dass sie keine Individualität haben.

Wenn wir dies psychologisch interpretieren wollen, sind die Bosonen die Vertreter der Kollektivität, während die von Pauli vorausgesagten Teilchen mit halbzahligem Spin heute Fermionen (benannt nach Enrico Fermi) heißen. Sie bewahren ihre Individualität.[37]

Das Paulische Ausschließungsprinzip besagt nun: Elektronen in einem Atom müssen sich in mindestens einer Quantenzahl unterscheiden. Für dieses Pauli-Prinzip wird ihm 1945 der Nobelpreis verliehen.

Das Pauli-Verbot: „keine zwei Elektronen im selben Quantenzustand"[38] erzwingt, dass die Elektronen sich auf verschiedenen Energieorbitalen aufhalten, und es verhindert, dass die Elektronen sich aus ihren vorgegebenen Bahnen in den energieärmsten Zustand direkt zum Atomkern stürzen. Ohne das Pauli-Verbot würden sie das tun und unsere materielle Welt wäre erheblich kleiner, denn es gäbe nur wenig Abstand zwischen dem Kern und den Elektronen. Paulis Verbot gibt also unserer materiellen Welt seine Festigkeit und Größe.

E. P. Fischer bezeichnet das Pauli-Verbot als eine Art „Verhaltensregel für Elektronen. Einem Elektron wird durch Pauli verboten, sich wie seine Nachbarn zu bewegen. Es muss anders sein und sich individuell verhalten."[39]

Solche Aussagen hören wir gern, wenn wir sie psychologisch interpretieren. Denn sie weisen darauf hin, dass das Individuelle auch auf der Ebene des Allerkleinsten als Prinzip vorherrscht und wir somit von einem Individuationsprinzip sprechen können. Anders ausgedrückt hat das Streben nach dem Individuellen eine in der Tiefe der Natur zugrunde liegende archetypische Struktur.

Ein ähnlich klingender Begriff wie das Pauli-Verbot, der aber etwas ganz Anderes meint, ist der „Pauli-Effekt"

## Pauli-Effekt

Wolfgang Pauli hatte eine synchronistische Begabung. Es gibt unzählige Berichte, wo im Zusammenhang mit Pauli physikalische Laborversuche scheiterten, Glaskolben zerbrachen, ohne dass ein rational nachvollziehbarer Zusammenhang hergestellt werden konnte. Markus Fierz schreibt: „[...] auch ganz nüchterne Experimentalphysiker waren der Ansicht, dass von Pauli seltsame Wirkungen ausgingen. Man glaubte z. B., seine bloße Anwesenheit in einem Laboratorium erzeuge allerhand experimentelles Missgeschick, er erwecke gleichsam die Tücke des Objekts."[40]

Ein Beispiel:

In einem physikalischen Labor in Göttingen kam es zu einer Explosion, und der gesamte Versuchsaufbau war massiv gestört. Alle möglichen rationalen Erklärungen und Fehleranalysen führten zu keiner Erklärung, bis jemand auf den Gedanken kam, zu fragen, wo Wolfgang Pauli eigentlich zu dem Zeitpunkt des Geschehens war. Alle waren erleichtert ihn in Zürich zu lokalisieren. Nachdem Pauli aber angeschrieben wurde, kam nach geraumer Zeit ein Brief mit einer dänischen Briefmarke frankiert. Es stellte sich heraus, dass exakt zu dem Zeitpunkt des Missgeschicks Pauli sich auf seiner Bahnreise von Zürich nach Kopenhagen befand und in Göttingen umgestiegen war. Offenbar hatte diese psychisch-physikalische Resonanz von Pauli das Geschehen bewirkt. Solche, und ähnliche Ereignisse wurden sehr bald als Pauli-Effekt benannt.

Dies erscheint unfassbar und übersteigt unser rationales Erklärungsbedürfnis. Aber die Fülle von ähnlichen überlieferten Ereignissen weisen eben auf Paulis Synchronizitätsbegabung hin.

Von Wolfgang Pauli gibt es Hinweise, dass er diese Phänomene nicht nur wahrgenommen hat, sondern schon im Vorfeld oft ein unruhiges Gefühl hatte. Der Mitbegründer der Synchronizitätsidee hatte also einen unmittelbaren Zugang zu synchronistischen Ereignissen und vermutete, dass hinter diesen Phänomenen ein tieferer Wirklichkeitszusammenhang besteht.

Pauli war mit dem Kollegen in Göttingen befreundet, bekam aber trotzdem, wegen seiner Wirkungen auf physikalische Experimente, ein Betretungsverbot für das Labor, was aber offenbar nicht ausreichte, wie die „spukhafte Fernwirkung" vom Göttinger Bahnhof zeigt. Das Pauli-Verbot wird insofern augenzwinkernd auch folgendermaßen beschrieben: „Es ist verboten, dass Wolfgang Pauli und ein funktionierendes Gerät oder eine funktionierende Versuchsanordnung sich in einem Raum oder in der Nähe zueinander befinden."

## Verschränkung und Nicht-Lokalität

Zu solchen eher mystisch anmutenden Implikationen der Quantenphysik gehört auch die Verschränkung und Nicht-Lokalität.

Die Quantenverschränkung ist ein wesentlicher Teil der Quantentheorie und mit dem Namen Erwin Schrödinger verbunden. Die Verschränkung besagt, dass Quantenteilchen so miteinander in Verbindung stehen, dass die Zustandsänderung eines Teilchens sich sofort beim zweiten Teilchen widerspiegelt. Sofort heißt: wirklich im gleichen Augenblick, nicht zeitversetzt, auch nicht im Millisekundenbereich, sondern instantan, wie die Physiker sagen.

Das Erstaunliche und Unfassbare dabei ist, dass dem kein klassischer Informationsaustausch zugrunde liegt, der ja Zeit zum Informationstransport benötigen würde. Die Zustandsänderung geschieht zeitlos, auch nicht mit Lichtgeschwindigkeit, die ja Zeit beansprucht.

Dies ist so unfassbar, dass Einstein von einer „spukhaften Fernwirkung" sprach, und ein eigenes Gedankenexperiment entwickelte, um diesen „Spuk" zu widerlegen. Auch Erwin Schrödinger, der dies alles mit seiner Wellengleichung beschreibt, spricht von „gespenstischem Einfluss aus der Ferne".

Die Verschränkung ist inzwischen experimentell bestätigt. Anton Zeilinger, führender Quantenphysiker aus Wien, hat erst vor kurzem im Jahr 2022 den Physiknobelpreis für seine Forschungen bekommen, die dieses Phänomen bestätigen. Entsprechende Versuche wurden zwischen den Inseln Teneriffa und La Palma durchgeführt, das ist eine Distanz von ungefähr 140 km. Das heißt, die Verschränkung ist nichtlokal und nicht an eine örtliche Nähe gebunden. Im Gegenteil es gibt keine grundsätzlichen Widersprüche, dass diese „Zwillingsbeziehung" von Quantenteilchen nicht auch über Lichtjahre hinweg vorhanden sein könnte.

Was uns so unglaublich anmutet und Albert Einstein spukhaft erschien, würden wir heute wohl als Resonanzphänomen bezeichnen, das unsere ganze Welt durchwirkt.

Mit der Verschränkung ist auch die alte Idee des *unus mundus*, der *einen* Welt, verknüpft, die C. G. Jung in seinem Theoriemodell aufgegriffen hat. Diese Idee meint die Einheitlichkeit und Ganzheit der Einen Welt, in der Alles mit Allem in Verbindung steht.

Auf einem amerikanischen Physikerkongress war der Vorsitzende bekannt dafür, dass er sorgsam darauf achtete, dass die Redebeiträge den vorgegebenen, kurzen Zeitrahmen nicht überschreiten. Als Pauli seine Rede hielt, hörte und hörte er nicht auf und der Vorsitzende intervenierte auch nicht, bis er plötzlich ganz erregt ausrief: „Pauli-Effekt, Pauli-Effekt!" Seine Uhr, die für die zeitliche Ordnung sorgen sollte, war einfach stehen geblieben.

Man könnte dieses Beispiel für banal halten, denn Uhren bleiben eben manchmal auch stehen. Aber im Umfeld von Wolfgang Pauli traten solche und ähnliche Ereignisse so oft auf, dass es schwerfällt, hier von Zufall zu sprechen und wir durchaus synchronistische Einflüsse annehmen dürfen.

## Kopenhagener Interpretation der Quantenphysik

In der Kopenhagener Interpretation werden die Komplementarität (siehe Kap. 6) und die Heisenbergsche Unbestimmtheitsrelation miteinander in Verbindung gebracht. Nur die Gesamtschau der Dinge in ihren scheinbaren Widersprüchlichkeiten ergibt auf einer tieferen Ebene ein ganzheitliches Bild der Wirklichkeit. Dies ist z. B. beim Teilchen-Welle-Dualismus so. Es gilt das eine **UND** das andere, das Sowohl-als-auch.

Auch das Prinzip des Sowohl-als-auch finden wir in der Analytischen Psychologie wieder. Archetypisches Geschehen zeichnet sich durch das Aufgespannt-Sein zwischen den Polaritäten aus. Der Zwischenraum zwischen den Polaritäten entspricht dem Möglichkeitsraum der Quantenphysik. Manches ist wahrscheinlicher als Anderes. Aber nichts ist determiniert oder ausgeschlossen.

# Kapitel 5

## Der psychoide Archetyp

Meine persönliche Ansicht ist die, dass in einer zukünftigen Wissenschaft die Realität weder „psychisch" noch „physisch" sein wird, sondern irgendwie beides und irgendwie keines von Beiden.[41] (W. Pauli)

Für viele Menschen, die sich mit Jung beschäftigen, ist der Begriff des psychoiden Archetyps zunächst fremd und mitunter auch unverständlich. Nähern wir uns dem psychoiden Archetyp an.

C. G. Jung hat die Archetypen mit den „pattern of behaviour" verglichen, als auf die Menschen bezogene Verhaltensmuster. Wir Menschen verhalten uns in vielfältiger und unterschiedlicher Weise: liebend, konkurrierend, resonant, ängstlich, mutig, wir sind traurig oder fröhlich, wir sind engagiert oder passiv, optimistisch oder deprimiert.

Jung bezieht sich mit seinem Archetypenverständnis einerseits auf das psychische Erleben, die konkreten Erfahrungen wie wir sie von Kindesbeinen an haben. Wir erleben diese Erfahrungen an konkreten Menschen und Personen in unserer biografischen Entwicklung. Zunächst an den nahen Beziehungspersonen und später im Kontext der Gemeinschaft und der Gesellschaft. Insofern werden die großen Archetypen von C. G. Jung als personal veranschaulichte Archetypen benannt, wie etwa der Archetyp der großen Mutter, der Archetyp des alten Weisen, der Archetyp des Kindes oder der Archetyp des Helden.

Andererseits hat Jung aber interessanterweise auch vom psychoiden Archetyp gesprochen, wenn es ihm darum ging, dass Archetypisches nicht nur in der menschlichen Natur zu finden sei, sondern in der ganzen, auch der anorganischen, der unbelebten Natur.

Nach Jung ist eine Synchronizität durch die sinnhafte Verbindung von zeitlich koinzidenten Ereignissen gekennzeichnet. Jung legt Wert darauf, dass die Brückenverbindung zweier synchronistischer Ereignisse durch den Sinn nur möglich erscheint, wenn es durch einen geistig-materiellen Archetyp eine Verankerung seiner These gibt. Dies gelingt ihm dadurch, dass der Archetyp nicht nur als Phänomen der menschlichen Psyche verstanden wird (Vater-, Mutterarchetyp), sondern ihm auch nicht-psychische Eigenschaften zuerkannt werden.

## Der Skarabäus

Es gibt eine eindrückliche synchronistische Erzählung, die Jung im Zusammenhang mit einer sehr rationalen Patientin erlebte. Wegen ihrer Rationalität und Gefühlsarmut war die Therapie ins Stocken geraten. Da träumte die Patientin, dass sie einen goldenen Skarabäus (in der ägyptischen Mythologie ein Symbol der Wiedergeburt) zum Geschenk erhielt. In dem Moment klopfte etwas an das Fenster hinter Jung. Ein Insekt stieß gegen das Fenster. Es war der biologisch nächste Verwandte des Skarabäus (Blattahornkäfer, cetonia aurata). Jung öffnete das Fenster, fing den Käfer im Fluge und gab ihn der höchst verwunderten Patientin, die über diesen höchst irrationalen und irritierenden Zufall natürlich sehr erstaunt war.

Synchronistische Ereignisse können uns irritieren. Sie können uns aber auch dazu verhelfen, allzu eingefahrene Denk- und Fühlmuster zu hinterfragen, wie in dem Beispiel vom Skarabäus, in welchem durch eine einseitige, rationale Einstellung bei der Patientin eine Weiterentwicklung im therapeutischen Prozess verhindert wurde. Insofern beinhalten Synchronizitäten ein Entwicklungspotenzial, das zur Ressource werden kann, wenn wir die Synchronizität ernst nehmen und wenn wir uns davon berühren lassen.

In diesem Beispiel wird die Koinzidenz zwischen dem psychischen Geschehen des Traumes und dem äußeren, materiellen Geschehen geschildert, deren inneren Sinnzusammenhang nur unter der Annahme eines psychoiden Archetyps plausibel erscheint. Die Symbolik wird noch erweitert und drängender. Es erscheint so, als ob diese außerrationale Seite anklopft und hereingelassen werden möchte, um schließlich wirksam zu werden.

Ein bekanntes Beispiel, das von Jung erwähnt wird, ist Swedenborgs Traum.

## Swedenborgs Traum

Swedenborg, der in der Zeit von Johann Sebastian Bach lebte, wollte damals durch die Darstellung eines realen Brandes in Stockholm, den er im 400 km entfernten Göteborg träumte, auf seine eigenen hellseherischen Fähigkeiten verweisen. Er stellte also eine Verbindung her, zwischen einem materiellen Geschehen (Brand) und einem psychischem Geschehen (Traum).

Eine Korrelation etwa zwischen einem Brand in Stockholm und Swedenborgs Traum herzustellen ist nur möglich in der Annahme, dass eine gemeinsame, am Grunde wirkende Verbindung gibt. Diese Verbindung ist der psychoide Archetyp.

Swedenborg hatte allerdings noch etwas Anderes, weniger Seriöses, im Sinn. Swedenborg war einerseits wissenschaftlich orientiert, aber als Theosoph auch von mystisch-theologischen und auch spekulativ-pantheistischen Denkansätzen beseelt. Für ihn bestand der Sinn seiner berichteten Synchronizität also in der Bestätigung seiner Hypothesen, aber sicher auch in der Festigung seines Rufes als Hellseher.

Immanuel Kant, der erheblich jüngere Zeitgenosse von Swedenborg, war zunächst von der Hellsichtigkeit Swedenborgs begeistert. Wenige Jahre später kam Kant nochmals darauf zurück. Kant bezeichnete das Werk Swedenborgs *Arcana caelestia* (1749–1756) als „acht Quartbände voll Unsinn.“[42]

In sehr komplizierter und verklausulierter Sprache brachte Kant seine Peinlichkeit zum Ausdruck, Swedenborg auf den Leim gegangen zu sein. Die Rezeptionsgeschichte von Swedenborgs Traum weist uns ein weiteres Mal darauf hin, dass wir im Umgang mit Synchronizitäten unseren kritischen Verstand beibehalten sollten.

Andere Bedeutungen und Sinnhaftigkeiten erleben Menschen immer wieder, wenn sie vor vollkommen unerwarteten Synchronizitäten geradezu fassungslos stehen.

Ein Gefühl von Bestätigung durch eine Synchronizität findet sich im folgenden Beispiel:

Ein erfahrener Wanderer hatte sich in den Bergen verlaufen und stand nun an einer Weggabelung, die drei Möglichkeiten bot weiterzugehen. Die Tageszeit war allerdings schon weit fortgeschritten, so dass es wichtig war, die richtige Entscheidung zu treffen, um nicht tief in die Nacht zu geraten. In dieser Situation versammelten sich mehrere Raben in seiner Nähe.

Da er bereits früher positive Erfahrungen mit Raben gemacht hatte, trat er in einen inneren Kontakt mit den Raben, mit der Bitte, ihm den rechten Weg zu weisen. Tatsächlich flogen die Raben sehr eindeutig in einer Richtung weiter, Der Wanderer wertete dies als Zeichen und ging in der gleichen Richtung weiter, in der die Raben geflogen waren, und dieser Weg führte ihn schließlich an das gewünschte Ziel.

In diesem Beispiel findet sich neben der synchronistischen Bestätigung auch noch ein weiterer Aspekt. Wenn wir in einen inneren Bezug zur Synchronizität treten, so geht es darum, die Botschaften auch wirklich ernst zu nehmen und sie nicht als faulen Zauber oder Ähnliches abzutun. Es gilt also ein komplementäres Prinzip von ernsthafter Würdigung der Synchronizität und kritischer Distanz wie bei Swedenborgs Traum

Wenn Jung vom „psychoiden Archetyp" spricht, so meint er das transzendente, bewusstseinsübergreifende Wesen des Archetyps, also ein strukturierendes Wirksamkeitsprinzip, welches die ganze Welt durchzieht.

Im Zusammenhang mit der Frage der Begrenztheit der Erkennbarkeit der Welt schreibt Jung: „In jenen Fällen, wo weder unsere Sinnesorgane noch deren künstliche Hilfsapparate das Vorhandensein eines realen Objektes verbürgen, wachsen die Schwierigkeiten ins Ungeheure, so dass man sich versucht fühlt, zu behaupten, es sei überhaupt kein reales Objekt vorhanden. Ich war nie der Meinung, dass unsere Wahrnehmung alle Seinsformen zu erfassen vermöchte."[43]

Eine solche Aussage lässt sich leichter verstehen, wenn wir den Kontext berücksichtigen. Der Kontext ist die jahrelange Zusammenarbeit mit dem Quantenphysiker Wolfgang Pauli. Die Frage nach der Beeinflussung unserer physikalischen

Erkenntnisse durch die Messapparatur spielt in der Quantenphysik eine wesentliche Rolle. Manche modernen Wissenschaftler, wie der inzwischen verstorbene Atomphysiker Hans Peter Dürr, sind weniger zurückhaltend als Jung im obigen Zitat, wenn Dürr etwa eines seiner Bücher betitelte: „Es gibt keine Materie."

Auch Friedrich Nietzsche hatte schon 1886, also lange bevor die Quantenphysik auftauchte, eine Ahnung in dieser Richtung. Er schreibt in „Jenseits von Gut und Böse": „[...] suchte die ältere Atomistik zu der <Kraft>, die wirkt, noch jenes Klümpchen Materie, worin sie sitzt, aus der heraus sie wirkt, das Atom; strengere Köpfe lernten endlich, ohne diesen <Erdenrest> auszukommen, und vielleicht gewöhnt man sich eines Tages noch daran, auch seitens der Logiker ohne jenes kleine <es> (zu dem sich das ehrliche alte Ich verflüchtigt hat) auszukommen.[44]

Jung schreibt: „Ich habe daher sogar das Postulat aufgestellt, dass das Phänomen archetypischer Gestaltungen, also exquisit psychischer Ereignisse, auf dem Vorhandensein einer *psychoiden* Basis, also einer nur bedingt psychischen, beziehungsweise einer anderen Seinsform beruhe."[45]

Die Bezeichnung psychoid verwendet Jung, um Zustände und Strukturen der Welt in den Blick zu nehmen, die seelenähnlich oder seelenartig sind.

## Transzendentes Wesen des Archetyps

Er schreibt: „[...] dass das eigentliche Wesen des Archetyps bewusstseinsunfähig, das heißt transzendent ist, weswegen ich es als psychoid bezeichne."[46]

An anderer Stelle sieht Jung es als Tatsache, dass es nicht nur ein psychisches, sondern auch ein psychoides Unbewusstes gibt.[47]

Jung versteht das archetypische Prinzip darin, dass der Archetyp Anteil am Geist und an der Materie hat.

Er beschreibt den psychoiden Archetyp als einen Faktor, „welcher die scheinbare Inkommensurabilität (also Unvergleichbarkeit) von Körper und Psyche überbrückt, indem er dem Stoff ein gewisses ‚psychisches Vermögen‘ und der Psyche eine ‚gewisse Stofflichkeit‘ verleiht."[48]

In der Korrespondenz mit Wolfgang Pauli schreibt Jung: „Die Archetypen sind einerseits Ideen (im platonischen Sinn), andererseits mit physiologischen Vorgängen verknüpft und in Fällen von Synchronizität erscheinen sie gar als Arrangeure physischer Umstände, sodass man sie auch als Eigenschaft des Stoffes (als eine „Sinnbehaftetheit" desselben) betrachten kann. Es gehört zur Nichtfeststellbarkeit ihres Seiens, dass sie nicht lokalisiert werden können."[49]

In dieser Aussage finden wir die innere Begründung für den psychoiden Archetyp, der auf die Einheit und Ganzheit von Materie und Geist hinweist.

Interessant ist auch, dass der letzte Satz auf zwei wesentliche Grundsätze in der Quantenphysik hinweist, Zum einen nimmt er mit der „Nichtfeststellbarkeit des Seienden" implizit auf die Heisenbergsche Unbestimmtheitsrelation Bezug, die ja besagt, dass man nicht gleichzeitig komplementäre Faktoren, wie etwa den Ort und die Geschwindigkeit eines Elementarteilchens exakt bestimmen kann.

Zum anderen wird ein weiteres wichtiges quantenphysikalisches Prinzip hier auch benannt: die Nichtlokalität. Diese besagt, dass quantenphysikalische Effekte nicht an einen Ort gebunden sind, sondern auch im Sinne der Verschränkung (Schrödinger) weit auseinander und dennoch verbunden sein können. Dies verbirgt sich in dem Satz, dass „sie nicht lokalisiert werden können."

C. G. Jung hat also sein Archetypenverständnis bis hin zum psychoiden Archetyp erweitert. Der Archetyp ist nun nicht nur als instinktives und geistiges Moment in der menschlichen Psyche vorzufinden, sondern er verweist auf eine gemeinsame, transzendente Einheit von Psyche und Welt, auf eine Einheit von Materie und Geist.

Durch diese Erweiterung des Archetypenbegriffs als psychisch und physisch, also als psychoider Archetyp, hat er seinen Ort im „absoluten Wissen", dem „Welturgrund." Hier befindet sich Jung in der Tradition aller monistischen Konzepte der Einheit der Welt, welche die physisch-psychische Dualität zu überwinden versuchen.

## Unus mundus

Jung spricht von der „Gelegenheit zur Konstruktion eines neuen Weltmodelles, das sich der Idee des unus mundus nähert."[50]

Durch sein neues Welt- und Selbstmodell, mit Verankerung im „Welturgrund", das wäre bei Hegel der absolute Weltgeist, hat sich Jung aus dem Zwiespalt herausgeführt, in welchen er gelangt war, weil er seine Vorstellung von Empirie einerseits und seinen Hang zur spekulativen Metaphysik des Selbst andererseits zunächst nicht integrieren konnte.

Jung hat mit der Einführung der Synchronizität nicht nur dem Gedankengebäude der Analytischen Psychologie eine fundamentale Grundlage gegeben, sondern er hat mit der Synchronizität intuitiv auch ein allgemeines Organisationsprinzip für Wahrnehmungs- und Erkenntnisprozesse gefunden, und somit eine wesentliche Kategorie der Welt- und Selbstwahrnehmung benannt (siehe Kap. 9).

Diese Idee des *unus mundus*, der *einen* Welt, findet ihre Bestätigung in der Physik des Allerkleinsten, der Quantenphysik: Niels Bohr führte den Begriff der Komplementarität in die Diskussion ein. Das ist in der Sprache der Analytischen Psychologie die Vorstellung der „conjunctio oppositorum," der Verbindung der Gegensätze. Erwin Schrödinger fand heraus, dass durch „Verschränkungen" auf Quantenebene alles mit allem zusammenhängt. Also auch hier finden wir die Bestätigung der *Unus-mundus*-Idee. Und in der Idee der Synchronizität steckt die Vorstellung, dass Materie und Geist zwei Aspekte einer raum-zeitlichen Anordnung sind.[51]

Pauli schreibt in einem Brief an seinen Physikerkollegen Markus Fierz: „Die Vorstufe des Denkens ist ein *malendes Schauen* dieser inneren Bilder, deren Ursprung nicht allgemein und nicht in erster Linie auf Sinneswahrnehmungen [...] zurückgeführt werden kann [...] Die archaische Einstellung ist aber auch die notwendige Voraussetzung *und die Quelle* der wissenschaftlichen Einstellung [...] *Das Ordnende und Regulierende muss jenseits der Unterscheidung von >physisch< und >psychisch< gestellt werden [...]*[52] (kursiv im Original)

Auch Jung geht davon aus, dass es auch in der materiellen Welt anordnende und strukturierende Faktoren geben könne. Diese Idee hat heute in den ganzheitlichen, holistischen und systemischen Denkmodellen ihren Widerhall gefunden. Jung sieht im psychoiden Archetyp geradezu die „Brücke zum Stoffe überhaupt."[53]

## Die Brücke zum Stoffe

Was ist nun der Stoff für unsere menschliche Er-
lebensweise, und wie gestalten die Archetypen
unser Leben? Der Grundstoff sind die physiologischen Vorgänge unseres Körpers, die Formen der
Umwandlung von Energie in unseren Zellen, die
Sprache der Nukleinsäuren in den Chromosomen, die
Funktionsweisen unseres Gehirns und unserer kogni-
tiven Wahrnehmungsmöglichkeiten. So ist archetypisches Erleben immer ein Erleben, das an physiologi-
sche Gegebenheiten gebunden ist. Und diese physiologischen Voraussetzungen gestalten und steuern ih-
rerseits wiederum die Art des archetypischen Erlebens.

So ist es z. B. Teil unserer physiologischen, archetypischen Grundausstattung, dass wir mit unseren
Ohren nur bestimmte Frequenzen hören können.
Oberhalb und unterhalb dieses Frequenzbereiches liegende Töne können wir einfach nicht hören. Hunde
und Fledermäuse haben in dieser Hinsicht eine andere archetypische Grundausstattung. Der chilenische
Neurobiologe Humberto Maturana spricht in diesem
Zusammenhang von der „Strukturdeterminiertheit
von Systemen." Wir können als vernunftbegabte
Primaten also gar nicht anders als archetypisch, und
das bedeutet unserer Art gemäß, erleben.

Und aus dieser Struktur heraus sind die Archetypen
auch ein Gestaltungsprinzip. Sie prägen unsere
Vorstellungswelt, sie beeinflussen unser tägliches
Leben und Erleben.

Ich möchte aus dem Bereich der Neurobiologie ein
Beispiel für die enge Verwobenheit zwischen archetypischer Veranlagung und Umwelteinflüssen geben:

Die Fähigkeit mit Stress und Stressoren umzugehen
ist bei den Menschen sehr unterschiedlich ausgeprägt.

Sie hängt damit zusammen, wie viele Rezeptoren im Körper vorhanden sind, um stressauslösende Stoffe wie etwa das Kortisol, zu binden. Habe ich viele Rezeptoren, kann in meinem Körper viel Kortisol gebunden werden und damit unwirksamer gemacht werden und umgekehrt.

Wie entwickelt sich aber nun die Anzahl dieser Rezeptoren? Auf einem Teil der DNA (früher Junk-DNA genannt, weil man sie für überflüssig hielt) ist die Fähigkeit codiert, solche Kortisolrezeptoren zu bilden. Aber das reicht nicht aus. Diese so genannten Promotorbereiche der DNA müssen erst freigeschaltet werden, damit es zur konkreten Synthese und Herausbildung der Rezeptoren kommt.

Und was induziert diese Freischaltung? Es ist der soziale Kontakt, die gelingende Bindung, die Befriedigung von grundlegenden Bedürfnissen des Säuglings nach Nähe, Wärme, Zärtlichkeit und dem wohligen Gefühl von Aufgehobensein durch die nahen Beziehungspersonen. Es ist letztlich die Befriedigung von Resonanzbedürfnissen, die zu solchen biopsychischen Prozessen führt. Üblicherweise werden diese lebenswichtigen Erfahrungen durch die primären Beziehungspersonen, durch Mutter und Vater, gewährleistet. Die Atmosphäre von Wohlfühlen und Gewollt-Sein löst einen biochemischen Prozess in der DNA aus (es müssen Methylgruppen aus ihrer Bindung gelöst werden), der letztendlich, weil nun vermehrt stressbindende Rezeptoren hergestellt werden und lebenslang zur Verfügung stehen, den Menschen in seinem späteren Leben stressresistenter macht.

Dieses Beispiel der Wechselwirkung von archetypischer und physiologischer Veranlagung und sozialen Umweltfaktoren beschreibt eine andere Facette des

Vater- und Mutterarchetyps, als wir sie üblicherweise im Sinn haben, wenn wir die personalen Seiten dieser beiden Archetypen benennen.

Wir befinden uns hier an der Schnittstelle zwischen den materiellen und den geistigen Aspekten des Archetyps. Wir bekommen ein Gefühl dafür, warum Jung den psychoiden Archetyp als „Brücke zum Stoffe überhaupt" genannt hat.

# Kapitel 6

## Komplementarität und Ganzheit

In Kapitel 1 wurde aufgezeigt, dass es C. G. Jung ein tiefes inneres Anliegen war, der einseitigen Ausrichtung des rationalen, kartesianischen Weltbildes eine andere, gleichberechtigte Weltanschauung gegenüberzustellen. René Descartes führte die strenge Unterscheidung ein zwischen äußerlich vorhandenen und sinnlich zugänglichen Bereichen (res extensa) und den innerlich verfügbaren und gedanklich bewegenden Dingen (res cogitans).[54] Daraus entwickelte sich unsere rationale Wissenschaft.

Jung entwickelte dagegen eine Konzeption, welche den zentralen Kriterien der Wissenschaft, der ausschließlichen Gültigkeit von Logik, Rationalität, Kausalität und Reproduzierbarkeit eine andere Sicht zur Seite stellt, durch die dem Zufall, der Kontingenz, dem Außerrationalen und dem Akausalen ein eigener Bedeutungsraum zugewiesen wird.

Mit der Einführung der Synchronizität ist ihm dies gelungen. Durch diese wesentliche Erweiterung des Denkens hin zum Fühlen und zur Intuition kam er seinem Anliegen näher, eine Ganzheit im Sinne der Individuation zu erreichen. Die Erreichung von Ganzheit oder Vollständigkeit liegt immer der Individuationsidee von C. G. Jung zugrunde und sie ist integraler Bestandteil der Analytischen Psychologie.

Eine zentrale Rolle nimmt dabei die Komplementarität ein. Jung hat die Idee der *coincidentia oppositorum*, also die Vereinigung der Gegensätze, von Nikolaus Cusanus aufgegriffen.

Cusanus war ein Kardinal und lebte von 1401-1464. Er sprach von „aufgeklärter Unwissenheit." Bei Cusanus finden wir den sehr modernen Gedanken, dass wir ein Netzwerk von Beziehungen erkennen können, aber nicht das Wesen der Dinge.[55] Dieses Denken, dass in wechselseitigen Resonanzen alles aufeinander bezogen ist, findet sich im modernen Vernetzungsgedanken wieder.

Der Komplementarität begegnen wir auch in der Kopenhagener Interpretation der Quantenphysik (siehe Kap. 5).

Die Komplementaritätsidee beinhaltet, dass „es für jede oder zu jeder Beschreibung der Wirklichkeit eine zweite gibt, die gleichberechtigt gilt, obwohl sie der ersten oberflächlich widerspricht."[56]

Die Komplementarität weist auf das ganz Andere hin, das in einem Bild oder in einem Begriff stecken kann. Und wir brauchen dieses ganz Andere, um in der Gesamtschau ein vollständiges Bild zu erhalten. Komplementarität weist uns darauf hin, dass das wirkliche Bild, der wirkliche Begriff mehr ist, als uns die erste und einfache Anschauung zeigt.

Das Gleiche gilt auch für die Symbolsprache und das Symbol, mit dem wir in der Analytischen Psychologie viel umgehen. Ein Symbol ist immer „mehr als". Es ist mehr als ein Zeichen. Es ist mehr als eindimensional. Es ist mehr als eindeutig. Dies gilt generell für alle Symbole, unabhängig davon, um welches Symbol es sich handelt, wie etwa das Kreis- oder das Kreuzsymbol, Natursymbole wie die Erde und die Sonne oder Menschen- und Kunstsymbole. Und es gilt auch für mathematische Symbole.

Niels Bohr, der Vater der Quantentheorie, Wolfgang Pauli und C. G. Jung waren von der Idee der gegenseitigen Ergänzung und Bezogenheit beseelt und durchdrungen. So bilden alle Gegensätze immer auch eine Einheit: Kausalität und Akausalität, Rationalität und Irrationalität bzw. Außerrationalität, Klarheit und Wahrheit, Wissenschaft und Religion, Heiliges und Profanes, Geist und Materie.

Die Vereinigung der Gegensätze weist auf etwas Ungewusstes hin, nicht nur auf Unbewusstes. Auf die Bedeutung des Ungewussten wurde bereits in früheren Kapiteln hingewiesen. Im Ungewussten liegt die Dimension des Noch-Nicht, die Ernst Bloch in seiner Philosophie der Hoffnung so wichtig war. Und im Ungewussten liegt auch das, was uns nicht offenbar, was nicht augenscheinlich und nicht auf den ersten Blick erkennbar ist. Im Ungewussten liegen das Rätsel und das Geheimnis.

## Emergenz

Komplementarität kennt nicht ausschließlich die Dialektik von These, Antithese und Synthese. Die Komplementarität ist mehr als ein bloßes additives Zusammenfügen. Im Sinne der Emergenz entsteht durch die vernetzte Resonanz der Gedanken, der Ideen und Vorstellungen wie auch der Resonanz der Dinge und der Materie ein neuer, erweiterter Zustand mit eigenen Qualitäten.

Ein Beispiel für Emergenz: Aus der Vereinigung der Atome Wasserstoff und Sauerstoff entsteht das Wasser. Das Wasser hat andere Eigenschaften und ein anderes chemisches Verhalten als die beiden getrennten gasförmigen Ausgangsstoffe Wasserstoff und Sauerstoff. Es ist mehr als lediglich Wasserstoff + Sauerstoff.

Es geht also nicht um Auflösung der Gegensätze, nicht darum, alles in Übereinstimmung zu bringen. Es gilt das Prinzip des Sowohl-als-auch. In der Komplementarität wollen die Polaritäten ausgehalten sein, und „es gilt die Spannung der Gegensätze fruchtbar zu nutzen und zu verstehen, dass das Eine das Andere braucht, um seine Bedeutung zu bekommen."[57]

Ein typisches Beispiel in der Physik ist die Doppelnatur des Lichtes sowohl als Welle als auch als Teilchen. Das Licht hat einerseits einen Teilchencharakter und verhält sich so, wie wenn – gemäß dem photoelektrischen Effekt – ein Elektron aus dem Atom herausgeschlagen ist. Andererseits ist Licht eine Welle, die sich – vergleichbar wie Wasserwellen – in elektromagnetischen Schwingungen ausbreitet. Aber: Licht ist kein Gemisch aus Teilchen und Welle, sondern es zeigt sich je nach dem Versuchsaufbau als Teilchen oder Welle. [58]

Im Kontext der Quantenphysik bedeutet dies: Im subatomaren Bereich kann etwas, das nach unseren üblichen Vorstellungen oder Vorurteilen unvereinbar ist, auf ein gemeinsam zugrunde liegendes Geschehen hinweisen. Darauf verweist das Wort „archetypisch": Es liegt den Dingen etwas zu Grunde oder am Grunde. Deshalb ist es in der Analytischen Psychologie so zentral, das Archetypische immer mitzudenken. Denn es verbindet uns mit dem Innersten, das unsere Welt zusammenhält. Und gerade das erscheint uns manchmal unfassbar.

Atmanspacher et. al. schreiben in ihren Erläuterungen zur „Klavierstunde" Wolfgang Paulis: „Der Teilchen- und Wellenaspekt der Materie sind das berühmteste Beispiel für komplementäre Eigenschaften, welche nicht gleichzeitig realisiert werden können, aber durch die Quantenmechanik trotzdem in ganzheitlicher Weise umfassend beschrieben werden."[59]

Hierzu ist eine sogenannte imaginäre Einheit i notwendig, ohne die diese Komplementarität in der Quantenmechanik nicht zu formulieren ist.

Dies könnte unter psychologischen Gesichtspunkten ein Hinweis sein, welche Bedeutung die Imagination, die Fantasie und die Intuition spielen, wenn wir uns dem Aspekt der Ganzheit nähern wollen, der in der Komplementarität steckt.

Hierauf nimmt Wolfgang Pauli in seinem Aufsatz „Die Klavierstunde" Bezug, indem er dort den „Ring i" vorkommen lässt. Den Aufsatz „Die Klavierstunde", mit dem Untertitel „Eine aktive Phantasie über das Unbewusste" hat Pauli übrigens „Frl. Dr. Marie-Louise von Franz in Freundschaft gewidmet."

Von Franz war eine bedeutende Schülerin und Mitarbeiterin C. G. Jungs. Sie hatte für Pauli die lateinischen Texte von Johannes Kepler übersetzt, als er sich mit Kepler und dessen komplementären Gegenspieler Robert Fludd auseinandersetzte.

Immer wieder taucht der Ursprungsgedanke der Komplementarität von Niels Bohr auf, nämlich die Ganzheit (lat: Completum: das Ganze). E. P. Fischer formuliert dies so: „Zu jeder Beschreibung der Natur gibt es eine Zweite, die ihr auf den ersten Blick widerspricht, die sie aber in der Tiefe ergänzt. Erst die Verbindung gibt die Möglichkeit, die ganze Welt zu erkennen."[60]

Komplementarität heißt im obigen Beispiel des Lichtes, dass die Natur des Lichtes nur erfasst werden kann, wenn wir die sich widersprechenden und untrennbar zusammengehörigen Aspekte des Lichtes als Welle und Teilchen zu Grunde legen.

## Pauli und Einstein

Albert Einstein hatte mit der von Niels Bohr und Wolfgang Pauli favorisierten Idee der Komplementarität immer seine Schwierigkeiten. Für Einstein war es nicht der „wahre Jakob", wie er sich ausdrückte. Er sprach in Hinsicht auf rational nicht nachvollziehbare Geschehnisse im quantenphysikalischen Rahmen, wie sie aber auch bei Synchronizitäten vorkommen, von „spukhaften Fernwirkungen."

Wie bereits früher erwähnt, wurde Albert Einstein durch Wolfgang Pauli ein „neurotisches Missverständnis" wegen seiner Haltung unterstellt, mit der er an der alten Feldphysik festhalte, die aber doch eine „ausgequetschte Zitrone" sei.[61] Wie wir uns vorstellen können, war Einstein etwas indigniert über diese Bemerkung und schrieb an Pauli zurück: „Vergessen Sie, was Sie gesagt haben, und vertiefen Sie sich einmal mit einer solchen Einstellung in das Problem, wie wenn Sie soeben vom Mond heruntergekommen wären und sich erst frisch eine Meinung bilden müssten. Und dann sagen Sie mir erst etwas darüber, wenn mindestens ein Vierteljahr vergangen ist."[62]

## Grenzvorstellungen

Im Zusammenhang mit der Synchronizität ist es wichtig, den Grundgedanken der Komplementarität festzuhalten, der einerseits in der Widersprüchlichkeit der Erscheinungen auf einer oberen Ebene liegt. Andererseits zeigt sich die Komplementarität in der Verbundenheit und gegenseitigen Vernetzung, Beeinflussung und Resonanz auf einer tieferen Ebene.

Werner Heisenberg spricht, bezogen auf naturwissenschaftliche und religiöse Weisheit, von zwei Grenzvorstellungen oder zwei Extremen.

Das eine Extrem ist die Vorstellung einer objektiven Welt, die unabhängig von irgendwelchen beobachtenden Subjekten in Raum und Zeit gesetzmäßig abläuft; sie war das Leitbild der neuzeitlichen Wissenschaft. Das andere Extrem ist die Vorstellung eines Subjekts, das mystisch die Einheit der Welt erlebt und dem kein Objekt, keine objektive Welt mehr gegenübersteht; sie war das Leitbild der asiatischen Mystik. Irgendwo in der Mitte zwischen diesen beiden Grenzvorstellungen (eine Welt ohne Ich und ein Ich ohne Welt) bewegt sich unser Denken; wir müssen die Spannung, die aus den Gegensätzen resultiert, aushalten.[63]

Wolfgang Pauli, der ja nicht nur Mitentwickler der Quantenphysik und der Synchronizität war, sondern auch ein wirklicher Visionär, schreibt in einem Vortrag „Die Wissenschaft und das abendländische Denken":

Ich glaube, daß es das Schicksal des Abendlandes ist, diese beiden Grundhaltungen, die kritisch rationale, verstehen wollende auf der einen und die mystisch irrationale, das erlösende Einheitserlebnis suchende auf der anderen Seite, immer wieder in Verbindung miteinander zu bringen. In der Seele des Menschen werden immer beide Haltungen wohnen, und die eine wird stets die andere als Keim ihres Gegenteils in sich tragen. Dadurch entsteht eine Art dialektischer Prozeß, von dem wir nicht wissen, wohin er führt.
Ich glaube, als Abendländer müssen wir uns diesem Prozeß anvertrauen und das Gegensatzpaar als komplementär anerkennen. [...]

Indem wir die Spannung der Gegensätze bestehen lassen, müssen wir auch anerkennen, dass wir auf jedem Erkenntnis- oder Erlösungsweg von Faktoren abhängen, die außerhalb unserer Kontrolle sind und die die religiöse Sprache stets als Gnade bezeichnet hat.[64]

Pauli hat diese Sätze sicherlich bewusst so formuliert, dass sie an ein Vermächtnis erinnern, in Anlehnung an ein Glaubensbekenntnis, denn hier kommen durch die Betonung der Komplementarität sein zentrales Welt- und Selbstverständnis zum Ausdruck: Die Welt ist mehr als reine Objektivität. Das Selbst ist mehr als reine Subjektivität. Ganzheit können wir dann erfahren, wenn wir die resonanten Beziehungsprozesse zu Grunde legen. Pauli verweist auch darauf, dass bei beiden Wegen, dem Erkenntnisweg und dem Erlösungsweg, unverfügbare Faktoren mit hineinspielen. Man könnte diese Faktoren auch als unfassbar, unbedingt, ohne Ursache, akausal – letztlich als synchronistisch – bezeichnen.

Sobald wir eine tiefere komplementäre Ebene unter Einbeziehung von Wechselwirkungen und Resonanzen betrachten, kommt es zu einer neuen Ganzheit

Dies erfahren wir auch im menschlichen Erleben. Viele kennen vielleicht die tiefe Erfüllung, wenn es zu einer Seelenbegegnung kommt, die sich als Bereicherung und Anregung ereignet oder die sich in der großen Liebe als Resonanz zwischen zwei Menschen ereignet. Das „Hohe Lied der Liebe" drückt dies wunderbar aus. „Mit den Küssen seines Mundes küsse er mich! Ja deine Liebe ist köstlicher als Wein."

## Die Zahl Zwei

In der Komplementarität spielt die Zahl Zwei und die Zweiheit eine besondere Rolle. Sie findet sich auch in der Polarität und in den Gegensätzen. Wolfgang Pauli spricht immer wieder von einer „mit klassischen Mitteln nicht beschreibbaren Art von Zweiheit".

Damit ist genau dies gemeint, dass die Komplementarität mehr ist als die Zwei. In diesem „mehr als" verweist Komplementarität auf die Ganzheit. Auf eine Ganzheit, die Denken, Fühlen, Empfinden und Intuition umfasst.

Friedrich Nietzsche bringt die Liebe und die Zweiheit in Verbindung: „Was ist denn Liebe anders als verstehen und sich freuen, dass ein Andrer in andrer und entgegengesetzter Weise, als wir, lebt, wirkt und empfindet? Damit die Liebe die Gegensätze durch Freude überbrücke, darf sie dieselben nicht aufheben, nicht leugnen. – Sogar die Selbstliebe enthält die unvermischbare Zweiheit (oder Vielheit) in Einer Person als Voraussetzung."[65]

An andere Stelle schreibt Nietzsche etwas poetischer:[66]

### Sils-Maria

Hier saß ich, wartend, wartend, – doch auf nichts,
Jenseits von Gut und Böse, bald des Lichts
Genießend, bald des Schattens, ganz nur Spiel,
Ganz See, ganz Mittag, ganz Zeit ohne Ziel.
Da, plötzlich, Freundin! wurde eins zu zwei –
Und Zarathustra ging an mir vorbei [...]

Bezogen auf die Rationalität und der damit verbundenen Kausalität, die unserer Wissenschaft zugrunde liegt, heißt dies, dass der Kausalität in komplementärem Sinn eine gleichberechtigte Konzeption gegenüberstehen muss. Genau dies finden wir in der Akausalität der Synchronizität wieder, weshalb in dem Quaternio-Schema (siehe Kap. 1) eine gleichberechtigte Gegenüberstellung von Kausalität und Akausalität dargestellt ist, die – auf einer tieferen Ebene – in einem Verbindungszusammenhang stehen.

# Kapitel 7

## Der Zufall

Wenn wir in einer Stadtbahn durch Stuttgart fahren und sehen auffällig viele Menschen mit grünen Hüten auf dem Kopf, dann kann das drei mögliche Zusammenhänge haben:

- Es kann Zufall sein
- Es kann ein synchronistisches Ereignis sein
- Es ist Volksfest auf dem Cannstatter Wasen.

### Subjektiver Zufall

Die Zufälligkeiten unseres Alltagslebens haben meistens eine nachvollziehbare Ursache. Wenn ich einem alten Bekannten auf der Straße begegne, dann liegt dies daran, dass er zu einer bestimmten Zeit aus dem Haus gegangen ist, dass er eine Weile am Schaufenster stand, und dass er bei einer roten Ampelphase etwas länger warten musste. Und die Tatsache der Begegnung liegt auch daran, wie lange ich zu Hause Kaffee getrunken habe, ob ich nochmal zurück in die Wohnung musste, weil ich etwas vergessen hatte. Es gibt eine unermessliche Vielzahl von Einwirkungen, die ein zufälliges Treffen zustande kommen lassen – oder eben auch nicht. Es gibt eine Vielzahl von objektiven Faktoren, die zu dem subjektiven Zusammentreffen führen.

Meistens verifizieren wir diese Voraussetzungen nicht im Einzelnen. Aber durchaus häufig heben wir im Gespräch Einzelszenen hervor, um unserem Erstaunen über den Zufall in einen kausalen Zusammenhang zu bringen: Wäre ich da vorne nicht links, sondern rechts gegangen hätten wir uns nicht getroffen, oder hätte ich das Auto genommen wären, wir uns auch nicht begegnet.

Der scheinbare Zufall könnte bei genauer Rückverfolgung aller Umstände in der zeitlichen Abfolge erklärt werden. Dies gilt aber nur theoretisch. Auch das Fallen einer Roulettekugel z. B. können wir theoretisch berechnen. Die grundsätzlichen Variablen, die über die Bewegung der Kugel entscheiden, sind alle bekannt. Wann haben wir die Kugel eingeworfen und wann trifft sie auf den rotierenden Kessel? Mit welcher Geschwindigkeit? Welches Gewicht hat die Kugel? Welchen Reibungswiderstand hat die Kugel?

All das ist bekannt und dennoch tritt das Glück meistens nicht für den Spieler auf. Letztendlich hat die Spielbank das Glück und den Gewinn auf ihrer Seite. Nur unsere ungenaue Kenntnis über wirklich alle Bestimmungsfaktoren und die ungenügende Genauigkeit der Prognose lässt dem Zufall seinen Raum und gibt dem Roulettespiel seinen Reiz.

Werner Heisenberg bezeichnet solche scheinbaren Zufälle als subjektive Zufälle.

## Synchronistische Ereignisse

Synchronistisch dagegen werden Ereignisse dadurch, dass wir den Ereignissen eine innere Bedeutung oder einen Sinn geben. Das heißt, die Sinnhaftigkeit wird zum wesentlichen Kriterium, ob es sich bei einem Ereignis um ein synchronistisches Phänomen handelt.

Die Einbeziehung des Sinns und der Bedeutung für uns war der ganz entscheidende Schritt, als Jung und Pauli die Idee der Synchronizität entwickelten. Weder in der Alltagsphysik noch in der Quantenphysik ging es zuvor um Sinnhaftigkeit. Ein Apfel fällt vom Baum nicht aus Lust und Laune, sondern weil Gravitationskräfte auf den Apfel einwirken.

Für Jung war zusätzlich noch wichtig, dass bei den synchronistischen Ereignissen eine gewisse Gleichzeitigkeit des Geschehens erkennbar ist. Wir denken an jemanden und im gleichen Moment ruft er an. Wegen dieser Betonung der Gleichzeitigkeit wählte Jung auch den Ausdruck „Synchronizität", der sich im allgemeinen Sprachgebrauch durchgesetzt hat.

Jung bezog sich auf Schopenhauer, der von „sinngemäßen Gleichzeitigkeitsrelationen" sprach.

Jung schreibt: „Es kann sich (beim Auftreten von Synchronizitäten) nicht um Ursache und Effekt handeln, sondern um ein Zusammenfallen in der Zeit, eine Art von Gleichzeitigkeit. Um des Merkmals der Gleichzeitigkeit willen habe ich den Ausdruck ‚Synchronizität' gewählt, um damit einen hypothetischen Erklärungsfaktor, der ebenbürtig der Kausalität gegenübersteht, zu bezeichnen."[67]

Hier wird deutlich, dass Jung mit der Einführung der Synchronizität ein neues Weltmodell im Blick hatte, in welchem die Akausalität gleichrangig dem Kausalitätsprinzip gegenübersieht.

Für Pauli ging es vor allem um die sinnhafte Verbindung der Phänomene. Deshalb sprach Pauli lieber von „Sinnkorrespondenz" als von Synchronizität.

Diese Tatsache der Gleichzeitigkeit ist noch kein hinreichendes Kriterium, um von Synchronizität zu sprechen. Dass Dinge gleichzeitig geschehen, ist wahrhaftig nichts Besonderes. Gleichzeitigkeiten entstehen oft durch Synchronisierungen. Dies ist im obigen Beispiel der grünen Hüte gemeint. Wenn die Wahrscheinlichkeit hoch ist, dass viele Menschen grüne Hüte aufhaben, weil gerade Volksfest ist, dann ist das vielleicht ganz nett, aber keine Synchronizität. Synchronisierungen liegen etwa auch zugrunde, wenn wir auf unseren Uhren die Zeit abgleichen.

Zur Synchronizität können Ereignisse werden, wenn wir dem Ereignis und dieser Gleichzeitigkeit eine Bedeutung geben. In der Synchronizität spüren wir den Kairos, den Gott des rechten Augenblicks. Die sinnhafte Bedeutung, die uns erfasst, erfüllt, vielleicht aufrüttelt: das macht den Unterschied. Das ist Synchronizität. Damit ist Synchronizität mehr als Zufall.

## Objektiver Zufall

Um es zu verdeutlichen: In der Alltagsphysik besteht der Zusammenhang von Ursache und Wirkung. Die Vorgänge sind grundsätzlich berechenbar.

Auf der subatomaren Ebene der Quantenphysik besteht hingegen der objektive Zufall. An welcher Stelle hinter dem Doppelspalt das Photon auftrifft, ist rein zufällig, d. h. die Wirkung ist nicht durch eine Ursache erklärbar.

Auch der Quantensprung zwischen verschieden Energieniveaus ist rein zufällig und nicht kausal bedingt. Die Halbwertszeit eines radioaktiven Elements lässt sich mit absoluter Genauigkeit bestimmen. Das ist die Zeit, in der die Hälfte des Elements zerfallen sein wird.

Der dahinterstehende Prozess, wann nämlich ein einzelnes Isotop seinen energetischen Zustand ändern wird – in Bewusstseinskategorien ausgedrückt: wann es sich entschließt seinen energetischen Zustand zu ändern, das ist vollkommen und objektiv zufällig und es geschieht ohne Ursache.

Anton Zeilinger formuliert dies so: „Das einzelne Beobachtungsergebnis ist rein zufällig, ohne verborgenen Ursache. Es ist nicht nur so, dass wir nicht wissen, was die Ursache wäre, sondern es ist vielmehr so, dass wir sehr gute Gründe für unsere Ansicht, dass es keine Ursache gibt, haben. Das ist wohl die **faszinierendste Konsequenz der Quantenphysik.**"[68] (Hervorhebung B. L.)

Die Akausalität, die Unbedingtheit, ist ein wesentlicher Bestandteil der Synchronizität, und sie ist ebenso ein absolut wichtiger Faktor in der Quantentheorie.

Dies ein schwer zu verarbeitender Tobak. Einstein sprach, wie bereits gesagt, in diesem Zusammenhang davon, dass dies nicht „der wahre Jakob" sei.

Es geht in der Quantenphysik sowohl bei Schrödingers Wellengleichung, als auch bei Heisenbergs Matrizenmechanik um Wahrscheinlichkeiten, die per definitionem immer dem Zufall einen Türspalt öffnen. Dieser Türspalt eröffnet einen Zugang zu dem, was wir heute als Möglichkeitsraum bezeichnen. Der Möglichkeitsraum sagt aus: Es könnte so sein, aber es lässt sich nicht mit absoluter Sicherheit sagen, dass es so ist.

Diese Haltung hat erhebliche Implikationen für unser Verständnis der Welt. Denn wenn wir uns im Raum der Möglichkeiten und nicht der Bestimmtheiten bewegen, dann ist die Welt offen und nicht festgelegt. Die Welt ist nicht determiniert.

Hier klingt etwas an, was im Bereich der Psychotherapie von großer Bedeutung ist. Die Einschätzungen des Patienten und auch die Einschätzungen des Therapeuten sollten auf beiden Seiten immer mit dem „offenen Türspalt" gedacht werden: Es kann sein, und es kann auch ganz anders sein. Es kann immer unerwartete Entwicklungen geben. Das gilt sowohl für unerwartete, positive „Quantensprünge" in der Therapie. Das gilt aber ebenso für unerwartete Rückschritte.

Werner Heisenberg hatte sich dazu durchgerungen, an einer der Grundlagen der Physik zu rütteln: an dem Kausalgesetz. Er schrieb einen langen Brief an Wolfgang Pauli, der antwortete: „Es wird der Tag der Quantenmechanik." Heisenberg veröffentlichte seine Gedanken in der „Zeitschrift für Physik". Darin wird ein neues Weltbild deutlich. Der letzte Satz in dem Artikel lautet: „So wird durch die Quantenmechanik die Ungültigkeit des Kausalgesetztes definitiv festgestellt."[69]

Wenn wir dies alles auf die Frage der Synchronizität beziehen, wird deutlich, dass das Prinzip der Akausalität ein Bestandteil der Welt ist, ebenso wie die Kausalität Bestandteil dieser Welt ist. Diese Paradoxie gilt es auszuhalten. Es handelt sich um *eine* Welt. Insofern bestätigt die Synchronizität die Idee des *„unus mundus"*, der *einen* Welt.

Ein Weiteres kommt hinzu: Die neue Physik eröffnet Denkräume und Möglichkeitsräume und sie handelt, wie E. P. Fischer es ausdrückt, „von Symbolen, die mit imaginären Komponenten behaftet sein mussten."[70]

Mit den Symbolen, dem Möglichkeitsraum als Raum der Fantasie, mit imaginären Komponenten, und der Imagination, befinden wir uns mitten in dem, was Analytische Psychologie ausmacht. Imaginationen sind Quelle und Kraft zugleich.

## Subjektivität und Objektivität

Das Doppelspaltexperiment, (die komplementäre Gültigkeit der Erklärung des Lichtes als Welle wie auch als Teilchen) weist auch darauf hin, dass es beim Betrachten der Teilchennatur des Lichtes keine Objektivität außerhalb der Messung gibt. Wir können nicht sagen, das Teilchen hätte den Weg durch den linken oder den rechten Spalt gewählt. Wir wissen es nicht.

Die Heisenbergsche Unschärferelation besagt, dass wir nicht gleichzeitig den Ort und die Geschwindigkeit (physikalisch: den Impuls) eines Teilchens exakt feststellen können. „Man kann den Ort genau messen oder die Geschwindigkeit exakt messen, aber nicht beides zum gleichen Zeitpunkt."[71] Für den jeweils anderen Parameter, Ort oder Geschwindigkeit, bleibt immer eine gewisse Unschärfe bestehen.

E. P. Fischer weist darüber hinaus auf Folgendes hin: „Es ist eigentlich noch viel schlimmer. Wir können eigentlich gar nichts über den möglichen Ort oder die Geschwindigkeit eines nicht beobachteten Teilchens sagen. Wir können ohne Beobachtung nichts über den Weg des Teilchens sagen."[72]

Deshalb besteht Fischer darauf, von der Unbestimmtheitsrelation zu sprechen und nicht lediglich von einer Unschärferelation. Eine Unbestimmtheit ist mehr, drastischer und stärker, als lediglich eine Unschärfe. Fischer schreibt: „ So schlicht kommt man nicht davon, denn tatsächlich meint Unbestimmtheit etwas völlig anderes, etwas, das sehr viel tiefer geht und ungeheuer weit reicht."[73]

Unter den Gesichtspunkten der Analytischen Psychologie hören wir hier zentrale Themen des Archetyps durchklingen. Denn etwas, das unbestimmt bleibt, ist für uns unanschaulich. Letztlich können wir keine gültigen Aussagen über Unbestimmtes machen. Nun ist aber der Archetyp wesentlich durch die Unanschaulichkeit gekennzeichnet. Damit geht einher, dass archetypisches Erleben immer den Möglichkeitsraum eröffnet.

Hier kommen die beiden Strömungen zusammen: Der Möglichkeitsraum beschreibt die strukturelle Verbindung von Quantenphysik und Analytischer Psychologie. Das meinte Pauli, als er meinte, dass in einer zukünftigen Wissenschaft die Realität weder „psychisch" noch „physisch" sein wird, sondern irgendwie beides und irgendwie keines von Beiden.[74]

Anton Zeilinger benennt den gleichen Tatbestand in seiner Darstellung der Kopenhagener Interpretation der Quantenphysik: „Die Kopenhagener Interpretation besteht vielmehr darauf, dass es sinnlos ist, über Dinge zu sprechen, die man im Prinzip nicht wissen kann."[75]

Und es gilt auch: Welchen Weg ein Teilchen nimmt, hängt von unserer Versuchsanordnung ab und nicht von unserer Bewusstseinslage und auch nicht von Beeinflussungen unseres Unbewussten.

Wolfgang Pauli hat sich mehrmals mit sehr deutlichen Worten von der heute in esoterischen Kreisen verbreiteten Idee distanziert, dass der subjektive Zustand des Beobachters oder seine Psyche einen Einfluss auf das physikalische Messergebnis habe. Einen Einfluss auf das Messergebnis hat die konkrete Ausgestaltung der Versuchsanordnung – sonst nichts.

Und dennoch haben diese quantenphysikalischen Erkenntnisse eine Bedeutung für die Psychologie: Es gibt keine Objektivität des Geschehens. Psychische Prozesse und unser Erleben sind immer in höchster Weise subjektiv. Um das zu wissen bräuchte man nicht unbedingt die Quantenphysik. Dazu genügt es auch, einen erfahrenen Richter hinsichtlich der scheinbaren Objektivität von Zeugenaussagen zu interviewen. Bei Zeugenaussagen kann man die Schattenseiten des Möglichkeitsraums studieren.

Die gleiche Schattenseite begegnet uns, wenn heute in politischen Zusammenhängen aus durchsichtigen Gründen von alternativen Fakten schwadroniert wird.

## Subjektivität ist kein Mangel an Objektivität

Wichtig in unserem Kontext ist, dass der Subjektivität nicht ein Mangel an Objektivität zugrunde liegt, sondern, dass Subjektivität ein konstitutioneller Bestandteil unserer Welt ist.

Um es zu verdeutlichen. In der Quantenphysik regieren nicht mehr die Kausalgesetze. Der Satz und damit der Wunsch Immanuel Kants gilt nicht mehr: „Alle Veränderungen geschehen nach dem Gesetze der Verknüpfung von Ursache und Wirkung."[76] Damit wird auch unser so natürlich empfundenes Kontinuitätsbedürfnis unterlaufen. Wir wollen und wünschen uns, dass das Eine aus dem Anderen hervorgeht. Wir wollen eine Ursache und einen Grund sehen, verstehen und empfinden.

Heisenberg und die Quantentheorie nehmen uns diese Illusion. Heisenberg schreibt: Die Hoffnung, „dass sich hinter der wahrgenommenen statistischen Welt noch eine ‚wirkliche' Welt verberge, in der das Kausalitätsgesetz gilt" ist „unfruchtbar und sinnlos."[77]

Wir müssen wohl anerkennen, dass die Welt unscharf ist.

Dies hat Folgen für unser Verständnis von der Welt und unsere Annäherung an die Welt. Wie passen etwa Wissenschaft und Poesie zusammen? Dies soll kurz am Verhältnis zwischen dem genialen, sehr introvertierten Physiker Paul Dirac und dem extravertierten Robert Oppenheimer (der bei der Entwicklung der Atombombe eine unrühmliche Rolle spielte) dargestellt werden, Beide wohnten in Göttingen in einer Wohngemeinschaft und befreundeten sich. Dirac lebte vollkommen in der Physik und mochte Formeln. Der Selbstdarsteller Oppenheimer mochte und schrieb auch selbst Gedichte. Für Dirac war dies schwer nachzuvollziehen. Er sagte zu Oppenheimer: „In der Wissenschaft möchte man doch etwas sagen, was niemand zuvor wusste. In einem Gedicht ist man gezwungen, etwas mit Worten zu sagen, die jeder schon kennt, aber niemand verstehen kann."[78]

Wolfgang Pauli verwendet eine schöne Metapher, als er über den Zusammenhang von Zufall und dem Klavierspielen in „Klavierstunde. Eine aktive Phantasie über das Unbewusste" schreibt: „Auch die besten unter den Zensoren [...] wissen ja nicht, dass ihr mathematischer Zufall das ist, was übrig bleibt, wenn man nichts von unserem Klavierspielen weiß. Meinen sie denn, dass der Zufall immer gleich bleibt? Wenn es warm wird, ändert er sich doch!"[79]

Für die Psychologie und unser Verständnis der Archetypen bedeutet dies, dass wir uns immer in dem Zwischenraum befinden, der einerseits vom Wunsch nach größtmöglicher Exaktheit getragen ist, und andererseits dem offenen Möglichkeitsraum, der immer wieder umkreist werden will, um sich der Ganzheit komplementär zu nähern.

# Kapitel 8

## Synchronizität im Gehirn

In diesem Kapitel möchte ich Sie in den Bereich unseres *phänomenalen Bewusstseins* führen. Es wird in der Bewusstseinsphilosophie als phänomenal bezeichnet, nicht etwa, weil unser Bewusstsein so toll und herausragend ist, sondern weil das Bewusstsein der Raum ist, in dem uns die Welt und unser Selbst erscheinen (griechisch phaenomenon: das Erscheinende).

Steckt das Selbst im Gehirn? Oder ist es vielmehr so, dass das Selbst sein Gehirn steuert, wie John Eccles eines seiner Bücher betitelte. Ich beziehe mich unter anderem auf den Bewusstseinsphilosophen Thomas Metzinger.[80] Wir werden dabei auf zwei wichtige Aspekte der Analytischen Psychologie stoßen: die Ganzheit und die Synchronizität. Es wird sich zeigen, dass in unserem Gehirn synchronistische Vorgänge ablaufen, die gewährleisten, dass wir ein ganzheitliches Erleben haben und spüren können.

Was sagt die Bewusstseinsphilosophie zum Selbst?

Der Raum des Bewusstseins ist der *Raum des subjektiven Erlebens*. Er wird von Metzinger der „phänomenale Raum" genannt. Der „phänomenale Raum" baut sich aus ineinander gebetteten mentalen Modellen auf. Denken Sie an die russischen, ineinander verschachtelten Puppen. Das umfassendste Modell, entsprechend der größten Puppe, ist unser Weltmodell bzw. unser Realitätsmodell. Aus dem Gebrauch des Begriffes *Modell* können Sie entnehmen, dass nicht von der vorhandenen Realität gesprochen wird, sondern davon, wie der Einzelne aus seiner Innenperspektive seine Welt erlebt bzw. wie sie ihm erscheint. Ich bin eine Person, die in einer Welt lebt. Die Welt erscheint mir als Einheit. Nur Berufsphilosophen, Patienten mit schweren neurologischen oder psychotischen Störungen, oder Menschen, die von Halluzinogenen Gebrauch machten, haben eine Vorstellung davon, was es bedeuten könnte, wenn diese normalerweise unhinterfragte Einheit der phänomenalen Welt nicht mehr existiert.

In dieser Evidenz der Einheit begegnen wir dem klassischen Begriff der Unteilbarkeit bzw., wie Metzinger es nennt, der „höchststufigen phänomenalen Eigenschaft: der Ganzheit." [81] Wir erleben die Welt zwar einheitlich, aber nicht als undifferenzierten Brei, sondern die einzelnen Phänomene meist deutlich voneinander unterschieden. Obwohl wir uns auf der höchsten Stufe unseres mentalen Weltmodells immer als Ganzes erleben, können wir auf niedrigeren Stufen, durch die Lenkung unserer Aufmerksamkeit, viele separate Erlebniseinheiten wahrnehmen und trotzdem bleibt die Erlebnisganzheit der Welt für uns erhalten.

Ich kann eine Lampe oder einen Tisch als einzelnes Ganzes und als Einheit erleben, ohne dass meine eigene Ganzheit dadurch in Frage gestellt ist. So ist in Normalzuständen die Einheit des Bewusstseins immer gewahrt, auch wenn sehr unterschiedliche Einzelheiten wahrgenommen werden. Das „phänomenale Selbst", wie Metzinger es nennt, bleibt dabei konsistent und kohärent.

Die „phänomenale Kohärenz" ist ein Prinzip, durch welches die erlebte Wirklichkeit und unser Selbst zusammengehalten wird. Unsere Welt setzt sich nicht aus lauter Einzelbausteinen zusammen. Eine Welt aus einzelnen, zusammengesetzten Bauklötzchen würde uns lediglich das Erlebnis einer Einheit oder vieler

Einheiten ermöglichen. Das Erlebnis der Ganzheit wird aber durch die Kohärenz gewährleistet: wir erleben uns und die Welt als „quasi-organisches Zusammenspiel ihrer Bestandteile." Das Ganze erschließt sich nur über die Wechselwirkungen der Teile. Dies ist eine holistische Annahme. Der Holismus besagt: Die Ganzheit ist mehr als die Summe der Einheiten, und die Einheit verweist bereits auf das Ganze. Im Rückbezug auf unser Thema heißt dies: Das Selbst ist umfänglicher als das Ich, aber ohne dieses Ich ist das Selbst nicht zu verstehen.

## Ganzheit

Wie kommt das Ganzheitserleben nun eigentlich auf der Ebene der Hirnphysiologie zustande?

In der Neuropathologie gibt es sogenannte Split-Brain-Patienten, deren Erkrankung man als Diskonnektionssyndrom bezeichnet. Bei diesen Patienten ist die Verbindung zwischen der linken und der rechten Hirnhälfte unterbrochen. Dies kann durch Krankheiten geschehen oder wurde vor gar nicht allzu langer Zeit bei depressiven Patienten operativ herbeigeführt. Die Depression besserte sich tatsächlich in vielen Fällen, aber um den Preis schwerer Persönlichkeitsstörungen.

Das Diskonnektionssyndrom besagt nun, dass die beiden Hirnhälften ihre jeweiligen Wahrnehmungen nicht mehr der anderen Hirnhälfte mitteilen können. Die linke Hirnhälfte hat ja eher die Fähigkeit der Einschätzung, analytische Fähigkeiten und Einordnungsfunktionen, während die rechte Hirnhälfte eher kreativ, verbindend und assoziativ arbeitet. Zeigt man nun z. B. der linken Hirnhälfte eines solchen Patienten ein lustiges Bild, so lacht der

Patient. Fragt man die rechte Hirnhälfte, warum er gelacht hat, so wird er, entsprechend den assoziativen Fähigkeiten der rechten Hirnhälfte, irgendeine Antwort erfinden, die aber nichts mit dem Bild zu tun hat. Denn die Kommunikation zwischen den beiden Hirnhälften, die den Sinn zwischen Bild und Lachen erklären könnte, ist gestört. Deshalb fühlt sich die rechte Hirnhälfte des Patienten genötigt, etwas zu erfinden, um die Peinlichkeit der fehlenden logischen Einordnung zu übergehen.

Dieses Beispiel soll darstellen, dass die Evidenz der normalen Sinneswahrnehmung nicht immer gewährleistet ist. Wenn uns nun aber die Offensichtlichkeit der Wahrnehmung im Stich lassen kann, sollten wir uns Gedanken machen, wie Wahrnehmung im Gehirn eigentlich funktioniert. Ein dabei auftretendes Problem ist das der „Eigenschaftsbindung", im terminus technicus *feature binding* genannt.

Was ist damit gemeint? Bestimmte Eigenschaften eines Gegenstandes werden in verschiedenen, teilweise weit auseinanderliegenden Hirnarealen neuronal repräsentiert. Dafür gibt es inzwischen entsprechendes Kartenmaterial wie zum Auto fahren. Also z. B. Kanten, Oberflächenstruktur, Farbe oder Schattierung eines Buches werden in verschiedenen „Gegenden" des Cortex gespeichert. Wir *erleben* aber den Gegenstand nicht als Kante + Farbe + Schatten usw. sondern als ganzes Buch, als „phänomenales Holon". Ein Buch kann durch verschiedenste Eigenschaften gekennzeichnet sein: Es ist blau, es hat eine bestimmte Dicke, es hat Kanten, es liegt auf einem Tisch, der also eine andere Einheit als das Buch sein muss, es hat einen Titel, der richtig herum geschrieben ist und dieser Titel macht auch noch einen Sinn, meistens zumindest.

Im Gehirn muss die Frage geklärt werden: welche Eigenschaft gehört wozu, welche Eigenschaft ist woran gebunden? Stellen Sie sich vor, auf dem Tisch liegt ein blaues Buch. Ist die Eigenschaft „Kante", die im Gehirn gerade aktiviert ist, dem Tisch zugehörig oder dem Buch? Ist das Blau eine Eigenschaft des Buches oder des Himmels oder des Tisches? Riecht das Blau oder der Staub auf dem Buch?

## Geordnete Selbst- und Weltbilder

Damit ein geordnetes Weltbild in uns entstehen kann, dürfen hier keine Fehlverknüpfungen, Aufschaukelungen von Aktivitätsmustern oder ähnliche Katastrophen passieren. Die Eigenschaften der Gegenstände müssen verlässlich im Gehirn repräsentiert werden, um als sinnvolle Ganzheit erkannt zu werden. Um stabile Repräsentationen eines Objektes im Gehirn zu erreichen, müssen große Populationen von Neuronen koordiniert werden. Man hat durch bildliche Darstellung von aktivierten Hirnarealen z. B. mittels Positronenemissionstomographie festgestellt, dass die Vielzahl der synaptischen Verknüpfungen der Neurone alleine noch nicht ausreicht, um ein Objekt tatsächlich stabil im Gehirn repräsentiert zu haben. Trotz der Anzahl von etwa 100 Milliarden Nervenzellen im Gehirn und der unvorstellbaren Zahl von $10^{15}$ Synapsen, das ist eine Billiarde, der vielfältigen Vernetzungen der einzelnen Neuronen, ist es informationstechnisch nicht möglich, alleine durch Verschaltungen das stabile Bild einer ganzen Welt bzw. eines ganzen Selbst zu erklären.

Eine Lösung dieses Problems besteht darin, dass die Zeit als weiterer Parameter eingeführt wird, um sinnhafte Repräsentationen in unserem Gehirn zu erzeugen. Das Gehirn macht sich die Tatsache zunutze, dass die Informationen gleichzeitig ankommen und die Hirnareale gleichzeitig aktiviert sind. Diese Tatsache der Gleichzeitigkeit wird als zusätzliche Information benutzt und in Bedeutung umgesetzt. Das Gehirn sagt sich: Wenn die Areale für Kante, Bläue und Dicke synchron aktiviert sind, muss es sich hier um etwas Sinnvolles, Zusammengehöriges handeln; in diesem Fall um ein blaues, dickes Buch. Zusätzlich zu den synaptischen Verschaltungsprozessen findet auch durch zeitliche Synchronisierung von neuronalen Zellverbänden die Integration zu einem erkennbaren und sinnvollen Ganzen statt. Erinnern wir uns an dieser Stelle nochmals an die Aussage C. G. Jungs, der Synchronizität als sinnhafte Koinzidenz zweier Ereignisse definierte.

Um es auf hirnphysiologischer Ebene nochmals zu verdeutlichen: Die strukturierende Zeit codiert unser Erleben, so dass sinnhafte Zusammenhänge erkannt bzw. hergestellt werden können. Metzinger spricht davon, dass „der eigentliche Klebstoff bei der Selbstorganisation [...] mentaler Strukturen in der **vom System hergestellten Synchronizität**" besteht.[82] (Hervorhebung B. L.)

Solche Synchronisierungen lassen sich am besten erreichen, wenn sich Neuronen in rhythmische, oszillatorische Entladungsmuster einschwingen. Oszillatorische Prozesse können leichter synchronisiert werden als zeitlich unstrukturierte Aktivierungsfolgen.[83] Das ist vergleichbar dem Tanzen: Je besser die Partner in Übereinstimmung und im Rhythmus sind, umso schöner ist es anzuschauen und umso stimmiger fühlt es sich an.

Ein Beispiel: Erblickt eine Katze eine Maus, werden in der Sehrinde der Katze gleichzeitig weit auseinander liegende neuronale Areale aktiviert, die synchron mit einer Frequenz von 30-80 Hz oszillieren. Und erst die Gleichzeitigkeit der Aktivierung neuronaler Felder erlaubt es der Katze festzustellen: Es handelt sich hier um ein potenzielles Opfer, das meinen Hunger stillen kann. Wenn die Eigenschaften der Maus: grau, Knopfaugen, hat einen Schwanz und bewegt sich, unverbunden, ohne „feature binding", nebeneinander stünden, gäbe es für die Katze keine sinnvolle Information und ihr Jagdimpuls bliebe aus. Sie könnte ja auch vor einem Computer sitzen, der gerade mit der Maus bedient wird. Die Eigenschaftsbindung im Gehirn der Katze bewirkt aber, dass ihr meistens klar wird, wovor sie sitzt.

Untersuchungen von Singer und Uhlhaas[84] bestätigen den Zusammenhang von Synchronisation und kohärentem Selbst- und Welterleben. Sie stellten fest, dass schizophrene Patienten mit ihren nicht nachvollziehbaren Assoziationen und Denkweisen nicht in der Lage sind, die hohen Oszillationsfrequenzen zu erzeugen und diese Oszillationen über größere Strecken zu synchronisieren, wie dies Gesunde können.

Ein anderes interessantes Forschungsergebnis zeigt, dass die Oszillations- und Synchronisationsprozesse bis zur Jugendzeit immer präziser werden. In der Pubertätszeit aber bricht vieles vom Erreichten wieder zusammen. Die Synchronisation wird schlechter. Ungefähr ab dem 16. Lebensjahr rekonfiguriert sich das System wieder: Die Oszillationsfrequenzen steigen wieder an und die neu angeordneten Netzwerke arbeiten besser zusammen.

Wenn wir an die psychischen Stürme in der Pubertätszeit denken, die viele Eltern ja aus leidvoller Erfahrung kennen, können wir dies als weiteren Hinweis darauf verstehen, wie wichtig die Synchronizitäten im Gehirn für ein kohärentes Selbst- und Welterleben sind.

## Synchronizität als Organisationsprinzip

Auf neuronaler Ebene finden Synchronisationsvorgänge statt, die unsere Wahrnehmung und unser Selbst- und Welterleben erst ermöglichen. Die zeitlich synchrone Steuerung neuronaler Prozesse ist somit ein wesentliches Organisationsprinzip, damit wir uns als Ich und Selbst wahrnehmen können. Die kohärente Sinnhaftigkeit der Welt erschließt sich uns erst durch diese Synchronisationen, die dadurch zu Synchronizitäten werden. Die Zeitstruktur wird in Bedeutung und Sinn umgewandelt. Dies betrifft alle Ebenen des bewussten Erkennens, sowohl die räumliche und zeitliche Wahrnehmungsebene als auch die geistige und seelische Orientierung. Synchronizität erzeugt Ganzheit. Ganzheit im Sinne von Vervollständigung des Modells der Analytischen Psychologie bei C. G. Jung, wie auch Ganzheit im Sinne von zusammenhängender Selbst- und Welterkenntnis.

Die hohe Bedeutung von Synchronisierungsprozessen, die ja letztlich Resonanzphänomene sind, lässt uns ein Gefühl bekommen für den Archetyp der Resonanz, der damit offenbar die Grundlage für unser Gefühl in der Welt zu sein, darstellt. Ohne Resonanz gäbe es kein kohärentes sinnhaftes Erleben. Somit sind Synchronizitäten nicht nur auf einzelne, eher selten auftretende Zustände beschränkt, sondern Synchronizität in unserem Gehirn ist ein dauerhaftes organisierendes Prinzip, das in jeder Sekunde in uns wirksam ist. Dies scheint Jung intuitiv erkannt zu haben, als er die Synchronizität als „Erklärungsfaktor" bezeichnete, „der ebenbürtig der Kausalität gegenübersteht."[85]

# Kapitel 9

## Synchronizität und Psychotherapie

Die Quantenphysik ist eine Physik der Möglichkeiten und der Beziehungen. In diesem subatomaren Bereich lassen sich alle Möglichkeiten der Welt vorstellen. Ich erinnere an den erwähnten Satz von Anton Zeilinger, dass die Welt alles ist, was der Fall ist, und auch alles, was der Fall sein kann.

Die unfassbare Synchronizität weist uns auf diesen Möglichkeitsraum hin, der genau unserem Verständnis des Archetyps entspricht: Der Archetyp eröffnet ein Möglichkeitsfeld in welchem sich der konkrete Fall, das was uns als phänomenale Welt entgegentritt, erst herausbildet. Synchronizitäten weisen also auf einen anderen Wirklichkeitszusammenhang hin, der unsere übliche, rationale Welt transzendiert.

Ein Beispiel hierzu sind die wärmenden Sonnenstrahlen. Solange die Photonen von der Sonne durchs Weltall sausen, haben sie keine Temperatur, keine Wärme. Erst wenn sie auf Materie, auf Moleküle auf unserer Erde treffen, kommt es zu der spürbaren und fühlbaren Wärme. Die Möglichkeit der Wärme wird erst im komplementären Zusammenspiel mit der Materie zum Faktischen.

Wenn wir dies auf die Psychotherapie beziehen, ist es sehr hilfreich, sich immer wieder klarzumachen, dass wir alle Potenziale, alle Möglichkeiten in uns tragen und es an uns liegt, welchen Resonanzraum und welchen Begegnungsraum wir diesen Möglichkeiten zur Verfügung stellen. Es ist für unsere therapeutische Haltung wie auch für die Patienten enorm wichtig, dass der innere Raum für Neues geöffnet und weit gemacht wird. Die Synchronizität birgt insofern auch die Hoffnung in sich, dass im Leben etwas geschehen kann, das wir nicht für möglich gehalten hätten.

Der eben verwendete Begriff: Quantenphysik als Physik der Möglichkeiten und Beziehungen stammt von dem Ehepaar Görnitz, die als Paar beides vertreten: Thomas Görnitz als Quantenphysiker und Brigitte Görnitz als Psychotherapeutin.

Und Physik der Beziehungen heißt, dass in dieser Welt des Allerkleinsten nichts isoliert betrachtet werden kann. Alles korreliert und interagiert mit allem. Alles steht mit allem in Verbindung. Dies ist die Botschaft der Verschränkung, die Erwin Schrödinger mit seiner Wellengleichung bezeichnet hat. Vielleicht kann man sagen, ohne Schrödingers Verschränkung gäbe es keine Synchronizität. Ein isoliertes Teilchen gehört nicht zur physikalischen Wirklichkeit. Es hat keinen Zustand.

Und etwas humorig ausgedrückt: Ohne Paulis Ausschließungsprinzip wüssten die Elektronen nicht, wie sie sich verhalten sollen. Die Elementarteilchen befinden sich immer in Bezug zueinander und in Wechselwirkung miteinander. Im Hinblick auf die Psychotherapie bestätigt dies, dass der stärkste wirksame Faktor in der Psychotherapie die therapeutische Beziehung ist. Sie ist stärker wirksam als die Orientierung an bestimmten therapeutischen Schulen, auch stärker wirksam als die therapeutische Erfahrung und Kompetenz.[86]

Wenn wir uns den zentralen archetypischen Kategorien in der Psychotherapie öffnen, ist dies die beste Grundlage für eine heilsame Therapie. Diese Kategorien sind:

## 1. Imaginationen und Möglichkeitsraum

Wir können uns gewahr sein, dass sich alles – Geist und Materie – im Raum der Möglichkeiten abspielt. Dazu gehören vor allem auch die Imagination und die Träume. Im Raum der Imagination und der Träume ist alles möglich. Wir können Synchronizitäten als spontane und intuitive Imaginationen im Möglichkeitsraum verstehen. Synchronizitäten lassen uns auf die innere Stimme hören. Sie lassen uns darauf schauen, was wir vielleicht lange vernachlässigt haben. Sie können uns auch das Noch-Nicht erkennen lassen. Was habe ich mir noch nicht erfüllt? Was habe ich vor mir hergeschoben? Was ist jetzt in meinem Leben dran? Wir können diesen inneren Sinngehalt mit Hilfe der Synchronizitäten erfassen.

## 2. Verbundenheit

In einer durch Kriege, Ungerechtigkeit und Mitweltzerstörung zunehmend unbehausten Welt brauchen wir ein Gefühl von Verbindung und Verbundenheit, um nicht dem Gefühl einer „metaphysischen Obdachlosigkeit", wie Thomas Fuchs es ausdrückt, ausgeliefert zu sein. Das Wissen und Fühlen um die Bedeutung der archetypischen Verbundenheit im Sinne des *„unus mundus"*, der einen Welt, kann etwas Heilendes in sich tragen. In quantenphysikalischen Kategorien gesprochen: Wir brauchen das Wissen und Fühlen um die Verschränkung der Welt.

Das Prinzip des Sowohl-als-auch wird hier verstanden als Individuationsprinzip: Ich bin bei mir und ich bin verbunden mit den anderen Menschen und der Welt. Dies kann eine Linderung von Gefühlen der Einsamkeit und Isolation bewirken, unter denen so viele Menschen leiden.

### 3. Unbestimmtheit

Wir brauchen ein Wissen und Fühlen darum, dass es keine absolute Genauigkeit geben kann. Dies sagt die Heisenbergsche Unschärfe- bzw. Unbestimmtheitsrelation.

Und dies sagen auch die Synchronizitäten. Wir können Synchronizitäten als einen Vorschlag aus dem Ungewussten verstehen, achtsam zu sein, näher hinzuschauen, aufmerksamer auf unsere Intuition zu sein, um unsere Vorurteile und vorgefertigten Meinungen zu relativieren. Das kann uns im sozialen und im therapeutischen Kontext tolerant und demütig machen, wenn wir meinen, wir wüssten es besser, was für andere Menschen gut ist

Exaktheit und Genauigkeit hat in entsprechenden Zusammenhängen ihren Wert. Ein selbstfahrendes Auto sollte schon exakt steuern, sonst wird es gefährlich. Andererseits ist der Raum des Ungefähren und des nicht so Zielgenauen ein Entfaltungsraum für Kreativität und Neues. C. G. Jung hat dafür den alchemistischen Begriff der *circumambulatio* verwendet, der neben der Umkreisung auch die Konzentration auf das Zentrum oder den Ort eines schöpferischen Wandels meinte. Dieses ungefähre Umwandern eines Themas ermöglicht freie Wege und kann uns zu nicht geahnten Lösungen bringen.

Rainer Maria Rilke drückt dies in der ihm eigenen Poesie aus:

Ich fürchte mich so vor der Menschen Wort.
Sie sprechen alles so deutlich aus:
Und dieses heißt Hund und jenes heißt Haus,
und hier ist Beginn und das Ende ist dort.

Mich bangt auch ihr Sinn, ihr Spiel mit dem
Spott, sie wissen alles, was wird und war;
kein Berg ist ihnen mehr wunderbar;
ihr Garten und Gut grenzt grade an Gott.

Ich will immer warnen und wehren: Bleibt fern.
Die Dinge singen hör ich so gern.
Ihr rührt sie an: sie sind starr und stumm.
Ihr bringt mir alle die Dinge um.

## 4. Zuversicht und Hoffnung

Im Innersten ist die Welt nicht vorherbestimmt und
nicht determiniert. Daraus ergibt sich das von Ernst
Bloch so benannte „Prinzip Hoffnung". Das Prinzip
der Hoffnung ist nicht nur in der Psychotherapie so
bedeutsam, gerade weil es auch positive unerwartete
Möglichkeiten beinhaltet. Dieses Hoffnungsprinzip
gilt auch in der gesamten Medizin als Träger von
Heilungen. Das Hoffnungsprinzip liegt etwa auch
den inzwischen sehr gut untersuchten und belegten
Placeboeffekten zugrunde. Aus der Hoffnung kann die
Zuversicht wachsen.

Die Hoffnung und Zuversicht kann uns auch durch
schwierigste innere und äußere Lebensumstände tragen. Wir haben ein inneres Wissen über synchronistische Weltzusammenhänge. Daraus schöpfen wir
Zuversicht und Hoffnung: Es ist nicht alles vorherbestimmt. Ganz im Gegenteil lassen uns Synchronizitäten
immer wieder erstaunt wahrnehmen, was alles an
scheinbar Unmöglichem und Heilsamem geschehen
kann.

## 5. „Panta rhei" – alles fließt – das Prozesshafte

Man könnte sagen: die Welt ist nicht, sondern sie wird – in jeder Sekunde. Die Welt entsteht erst in dem Augenblick, in dem wir in Beziehung zur Welt treten. Dies ist der Punkt, der uns am schwersten fällt, denn auf der makroskopischen Ebene ist die Welt doch immer schon da. Die Berge, die wir letztes Jahr bestiegen haben, sehen dieses Jahr (weitgehend) noch genauso so aus wie zuvor. Und dennoch gilt auf einer tieferen Ebene das Prinzip des Werdens. Die Welt ist im Fluss und entsteht aus den Möglichkeiten.

Im Kapitel 8 dieses Buches wurde schon dargestellt, wie auf der Ebene unseres Gehirns durch Synchronizität unser Weltbild und unser Selbstbild in jeder Millisekunde entsteht. Ohne Synchronizität würde kein bewusstes und auch kein unbewusstes Sein entstehen. Die Synchronizität ist also unabdingbarer Bestandteil unseres Seins. Wir verstehen die Synchronizität auch als allgemeines Organisationsprinzip für Wahrnehmungs- und Erkenntnisprozesse. In dieser Funktion ist die Synchronizität nicht nur auf seltene Einzelereignisse beschränkt, sondern – ganz im Gegenteil – durchwirkt das synchronistische Prinzip in jedem Augenblick unsere Welt.

## 6. Die Sprünge

Häufig gibt es in Therapien plötzliche Erkenntnisse. Da wird es plötzlich klar: so kann es nicht weiter gehen. Ich will etwas verändern. Diese Änderungen können sich auf konkrete Lebensumstände beziehen. Ein unabweisbares Gefühl kann vollkommen klar sein: Mit diesem Mann, mit dieser Frau möchte ich zusammenleben. Das Gegenteil gibt es ebenso, wenn plötzlich klar ist, dass eine Trennung vom Partner oder Partnerin sein muss.

Solche Sprünge gibt es nicht selten im Zusammenhang mit Synchronizitäten, die den Menschen – gerade durch das Unfassbare der Synchronizität – zeigen, dass etwas geschehen muss, dass sich etwas verändern muss. Synchronizitäten können die Augen öffnen für etwas, was zuvor nicht sichtbar war. Hier wirkt Kairos, der Gott des rechten Augenblicks, im Hintergrund.

## 7. Gegensätze und Paradoxien

In der Sprache der Analytischen Psychologie fassen wir dies unter dem Begriff der Gegensatzvereinigung zusammen. In der Quantenphysik steht hierfür die Komplementarität, die Widersprüchlichkeit auf einer oberen Ebene, die auf eine archetypische Verbundenheit des Geschehens auf tieferer Ebene hinweist. Die oft unfassbaren Synchronizitäten stehen auch für diesen Aspekt. Manches von dem, was uns begegnet, passt uns nicht, und es passt nicht mit unseren erworbenen Vorstellungen und Vorurteilen zusammen. Synchronistisches Staunen kann uns für nicht gewusste Aspekte unseres Seins öffnen.

Gegensatzspannungen können das Salz in der Suppe des Lebens sein und uns für die Fülle des Lebens öffnen.

Dabei geht es auch um Paradoxien. Mit Marie Louise von Franz könnte man mit Blick auf Paradoxien sagen: „Wer keine Paradoxien kennt, hat nicht gelebt und wer mit Paradoxien nicht umgehen kann hat nichts verstanden."

## 8. Akausalität

Unser übliches Denken ist ein erklärendes Denken. Wir möchten die Dinge in einen ursächlichen Zusammenhang bringen. Das ist häufig auch richtig. Vieles unserer Biografie, aus unserer Herkunftsfamilie, bedingt unser Gewordensein und die Herausbildung unserer Komplexe und unserer Psyche.

Die Gefahr beim Erklären der Welt und unserer Psyche liegt jedoch darin, dass wir die Antworten zu kausal-reduktiv geben, wie es die Freud'sche Psychoanalyse mit ihrer ausschließlichen Frage nach dem „warum" tut.

Die Analytische Psychologie würdigt die Tatsache der Akausalität mit der Frage des „wozu". Unsere persönliche Geschichte ist durch Einflüsse unserer Beziehungspersonen verursacht UND – wenn wir die tiefere synchronistische Ebene mit einbeziehen – sie geschieht auch ursachelos. Das kann uns frei machen von übersteigerten Selbstvorwürfen und Selbstansprüchen, was wir alles versäumt haben.

Da hilft uns auch die Frage nach der inneren Sinnhaftigkeit, die ja auch so wesentlich beim Umgang mit Synchronizitäten ist. Erst der innere Sinn und die Bedeutung für uns macht eine bloße Gleichzeitigkeit zur Synchronizität.

## 9. Resonanz

Wir haben Synchronizitäten verstanden als ein geistig-materielles Resonanzphänomen, in dem sich die transzendente Zusammengehörigkeit der Welt zeigt. Es ist auch in Therapien wichtig, dass wir dem archetypischen Resonanzphänomen Raum geben. Die Synchronizität weist auf einen inneren Wirklichkeitszusammenhang hin. Dieser Zusammenhang wirkt im Hintergrund, am Grunde (arche-typisch) und ist meist wie von einer Decke verhüllt und unfassbar. Ich erinnere an das eingangs benutzte Bild, dass Synchronizitäten vielleicht der Zipfel der Bettdecke sind, der es uns ermöglicht den Zugang zu anderen Teilen der Welt aufzudecken, die uns sonst unfassbar erscheinen. Die inneren Heilungskräfte der Menschen können sich gut entfalten, wenn wir ein Angeschlossensein an so wesentliche wirksame Prinzipien wie die Resonanz spüren.

Dies hat konkrete Auswirkungen auf die Haltung und die Vorgehensweise in der Therapie. So ist z. B. das „Prinzip Antwort" eine wesentliche Form der Resonanz. Denn die resonante Antwort kann dem oft tiefen, verzweifelten Einsamkeitsgefühl etwas von seiner Schärfe nehmen.

Synchronizitäten können auch als Antworten aus nicht gewussten Welten verstanden werden.

Sie ermöglichen uns einen Zugang zu neuen Sichtweisen und neuen Möglichkeiten, die uns bis dahin verschlossen waren, oder auf die wir den Blick noch nicht gerichtet haben.

Der Wunsch, unsere Welt in immer kleinere Teilchen zu spalten, um dem nahe zu kommen, was die Welt im Innersten zusammenhält, ist verständlich. Dennoch bleibt ein erheblicher Teil Ungewusstes in unserem Bewusstsein über die Natur. Das innere Aufeinander-bezogen-Sein von Materie und Geist ist so ausgeprägt, dass wir es nicht ohne Verlust vernachlässigen können.

Wolfgang Paulis Mentor Niels Bohr betonte immer wieder, dass wir keine Aussagen über das Wesen der Natur machen können, sondern dass wir nur über das sprechen, was wir über die Natur sagen können. Wir kennen das Bild, dass man eine wunderschöne Rose in ihre einzelnen Blätter zerlegt, um ihren Zauber zu erklären. Aber der Preis ist hoch: die Rose ist nach dieser Untersuchung zerstört. Die Beziehung der Rosenblätter ist verloren gegangen. Der Bezug zum Ganzen besteht dann nicht mehr.

In Hinsicht auf die Psychotherapie bestätigt dies, wie wichtig die Beziehung und das Bezogensein ist. Und dies gilt ja nicht nur in der Therapie. Wir sind als soziale Wesen aufeinander bezogen und es bringt meist großes inneres Leid mit sich, wenn wir uns nicht mehr in Bezogenheit und Resonanz aufeinander geborgen fühlen.

Der Archetyp wird verstanden als ein akausales, ursacheloses Angeordnetsein der Dinge. Dieser Gedanke des Ursachelosen bewegte Jung, wie eingangs dargestellt, sehr stark, und brachte ihn dazu, die Akausalität zu einem gleichwertigen Prinzip zur bis dahin ausschließlich gültigen Kausalität zu erheben. Bis dahin heißt: bis zur Implementierung der Quantenphysik. Denn im Quantenbereich herrscht die Akausalität als ein zentrales Prinzip. Und dies liegt nicht darin begründet, dass wir nicht genau genug messen würden, sondern Quantenzustände verändern sich ursachelos.

In der Sprache der Analytischen Psychologie können wir sagen: Am Grunde geschehen Änderungen sowohl archetypisch als auch synchronistisch.

Die Quantenphysik bestätigt als genaueste aller Wissenschaften in einer faszinierenden, frappierenden und unfassbaren Weise die Ideen der Analytischen Psychologie und unser Verständnis der Synchronizität. Die Synchronizität verbindet uns mit dem Welturgrund.

Das ist auch insofern bedeutsam, als der Bereich des Intuitiven, des nicht Fassbaren, des nicht Gewussten und der Wunder gerade heute sehr schnell mit nicht ernst zu nehmender Esoterik in Verbindung gebracht wird. Quantenphysik und Synchronizität sind aber keine Esoterik, sondern sie bestätigen, wie sowohl im Feld des Psychischen als auch im Feld des Physischen gleiche und komplementäre Kategorien gelten. Die Quantenphysik und die Synchronizität verweisen auf die Einheit von Geist und Materie. Dies meinte Jung mit dem psychoiden Archetyp. Ein Grundmuster der Resonanz durchzieht unsere Welt: psychisch, physisch, biologisch, sozial.

# Literatur

Anrich, E. (1980). Die Einheit der Wirklichkeit. Moderne
Physik und Tiefenpsychologie. Fellbach: Bonz

Atmanspacher H., Primas, H., Wertenschlag-Birkhäuser.
E. (Hrsg.) (1995). Der Pauli-Jung-Dialog und seine
Bedeutung für die moderne Wissenschaft.
Berlin/Heidelberg: Springer

Clegg, B. (2017). Quantentheorie in 30 Sekunden.
Hertogenbosch NL: Librero

Combs, A./ Holland, M. (1992). Die Magie des Zufalls.
Synchronizität – eine neue Wissenschaft. Hamburg: Rororo

Damasio, A. (2005/2013). Der Spinoza-Effekt. Berlin: Ullstein

Damasio, A. (2011). Selbst ist der Mensch. Körper, Geist und
die Entstehung des menschlichen Bewusstseins. München:
Siedler

Damasio, A. (2021). Wie wir denken, wie wir fühlen. Die
Ursprünge unseres Bewusstseins. München: Hanser

Dürr, H.-P. (2012). Es gibt keine Materie. Amerang: Crotona

Dürr, H.-P. (Hrsg.) (1986, 1991). Physik und Transzendenz.
Bern/Wien: Scherz

Eilenberger, W. (2018). Zeit der Zauberer. Stuttgart:
Klett-Cotta

Enz, C. (1995). Rationales und Irrationales im Leben Wolfgang
Paulis. In: Atmanspacher et al. Der Jung-Pauli-Dialog.
S. 21-32. Berlin/Heidelberg: Springer

Fischer, E. P. (2000). An den Grenzen des Denkens. Freiburg:
Herder (inhaltsgleich mit Brücken zum Kosmos. Konstanz:
Libelle)

Fischer, E. P. (2002, 2006). Werner Heisenberg. Das selbstver-
gessene Genie. München/Zürich: Piper

Fischer, E. P. (2004). Die aufschimmernde Nachtseite.
Kreativität und Offenbarung in den Naturwissenschaften.
Konstanz: Libelle

Fischer, E. P. (2008). Schrödingers Katze auf dem Mandelbrotbaum. München: Goldmann

Fischer, E. P. (2010). Die Hintertreppe zum Quantensprung. Frankfurt: Fischer

Fischer, E. P. (2014). Brücken zum Kosmos. Wolfgang Pauli zwischen Kernphysik und Weltharmonie. Konstanz: Libelle

Fischer, E. P. (2017). Gott und der Urknall. Freiburg: Herder

Fischer, E. P. (2021). Das Licht, das Leben und die Liebe. Stuttgart: opus magnum

Fischer, E. P. (2022). Die Stunde der Physiker. München: C.H. Beck

Fischer, E. P. (2023). Offenbare Geheimnisse. Wunder der Wissenschaft. Wiesbaden: opus magnum

Franz, von, M.-L. (2005). Archetypische Dimensionen der Seele. Einsiedeln: Daimon

Görnitz, T. / Görnitz, B. (2016). Von der Quantenphysik zum Bewusstsein. Berlin/Heidelberg: Springer

Grawe, K. (2004). Neuropsychotherapie. Göttingen: Hogrefe

Hark, H. (1988). Lexikon Jungscher Grundbegriffe. Olten Freiburg: Walter

Heisenberg, W. (1996). Der Teil und das Ganze. München/Berlin: Piper

Hoyle, F. (1994). Home is where the wind blows. Mill Valley, CA: University Science Books

Hügli, A./ Lübcke P. (Hrsg.) (1991). Philosophielexikon. Berlin: Rowohlt

Hürter, T. (2021). Das Zeitalter der Unschärfe. Stuttgart: Klett-Cotta

Jaffé, A. (1961/1971). Erinnerungen, Träume, Gedanken von C. G. Jung. Olten/Freiburg: Walter

Jaffé, A. (1985). Parapsychologie, Individuation, Nationalsozialismus. Zürich: Daimon

Jung, C. G. (1971 ff.), Gesammelte Werke in 20 Bänden (zitiert als GW mit Bandnummer). Olten/Freiburg: Walter

Jung, C. G. (1976/1984). Synchronizität als ein Prinzip akausaler Zusammenhänge und: Über Synchronizität. GW 8

Jung, C. G. (1976/1984). Über die Archetypen des kollektiven Unbewussten. GW 9.1

Jung, C. G. (1976/1984). Aion – Beiträge zur Symbolik des Selbst. GW 9.2

Jung, C. G. (1987/1972). Zur Psychologie westlicher und östlicher Religion. GW 11

Jung, C. G. (1987/1972). Psychologie und Alchemie. GW 12

Kaku, M. (1994). Im Hyperraum. Eine Reise durch Zeittunnel und Paralleluniversen. Reinbek: Rowohlt

Kurthen, M. (1989). Psychologie als Individuation. Fellbach: Bonz

Laurikainen K. V. (1985 finnisch, 1988 englisch). Beyond the Atom. Heidelberg: Springer

Mann, F./ Mann, C. (2017). Es werde Licht. Frankfurt: S. Fischer

Mann, F. / Mann, C. (Hrsg.) (2021). Im Lichte der Quanten. Darmstadt: WBG

Maturana, H., Varela, F. (1987). Der Baum der Erkenntnis. Die biologischen Wurzeln des Erkennens. Goldmann: München

Meier, C. A. (1992). Wolfgang Pauli und C. G. Jung. Ein Briefwechsel 1932-1958. Berlin/Heidelberg: Springer

Miller, A. I. (2011). 137. C. G. Jung, Wolfgang Pauli und die Suche nach der kosmischen Zahl: München: DVA

Metzinger, T. (1996). Bewusstsein. Paderborn: Schöningh

Metzinger, T. (2011). Der Ego-Tunnel. Berlin: BvT

Monod, J. (1970). Zufall und Notwendigkeit. München: Piper

Nietzsche, F. (1988). Menschliches, Allzumenschliches II, § 75. Berlin: dtv/de Gruyter

Nietzsche, F. (2000). Die fröhliche Wissenschaft. Stuttgart: Reclam

Nietzsche, F. (1988).: Jenseits von Gut und Böse. Stuttgart: Reclam

Obrist, W. (2006). Die Mutation des europäischen
  Bewusstseins. Stuttgart: opus magnum
Päs, H. (2011). Die perfekte Welle. Mit Neutrinos an die
  Grenzen von Raum und Zeit. München/Zürich: Piper
Pauli, W. (1953): Die Klavierstunde. Eine aktive Phantasie über
  das Unbewusste. Erstmals publiziert in: Atmanspacher et al.
  1995: Der Pauli-Jung-Dialog und seine Bedeutung für die
  moderne Wissenschaft, S. 317 ff.
Peat, D. (1987, 1992 deutsch). Synchronizität. Die verborgene
  Ordnung. München: Goldmann
Roesler, C. (2016). Das Archetypenkonzept C. G. Jungs:
  Theorie, Forschung und Anwendung.
  Stuttgart: Kohlhammer
Rosa, H. (2016). Resonanz. Eine Soziologie der Weltbeziehung.
  Berlin: Suhrkamp
Rovelli, C. (2014, 2017 deutsch). Die Wirklichkeit, die
  nicht so ist, wie sie scheint. Eine Reise in die Welt der
  Quantengravitation. Reinbek: Rowohlt
Schiepek, G. (Hrsg.) (2003/2011). Neurobiologische
  Psychotherapie. Stuttgart: Schattauer
Strogatz, S. (2003/2004 deutsch). Synchron. Vom rätselhaften
  Rhythmus der Natur. Berlin: Berlin
Schopenhauer, A. (1851 Erstauflage). Über die anscheinende
  Absichtlichkeit im Schicksale des Einzelnen in: Parerga und
  Paralipomena
Tarr, I. (2016). Resonanz als Kraftquelle. Freiburg: Herder
Zeilinger, A. (2005). Einsteins Schleier. München: Goldmann
Zeilinger, A. (2007). Einsteins Spuk. München: Goldmann
Zeki, S. (2010). Glanz und Elend des Gehirns. Neurobiologie
  im Spiegel von Kunst, Musik und Literatur.
  München/Basel: Reinhardt

# Anmerkungen

1 Jung GW 8, S. 519
2 Jung GW 8, S. 518
3 Jung GW 9/1 Aion, Die Struktur und Dynamik des Selbst, s. a.: Kurthen, Psyche und Synchronizität, S. 238 ff.
4 Jung GW 11, S. 513
5 Jung GW 15, S. 63 ff.
6 Jung GW 8
7 PJD S. 295-300
8 Jung GW 8, S. 475
9 Siehe dazu Kaku, 1994
10 Fischer, An den Grenzen des Denkens, S. 142
11 Der Pauli-Jung-Dialog, 31. März 1953
12 Pauli WB IV-1, S. 388, zit. nach Fischer, 2014, S. 33
13 Zit. nach Fischer, 2000, S. 7 mit Bezug auf Laurikainen K. V. (1985 finnisch, 1988 englisch) Beyond the Atom. Springer: Heidelberg
14 Zit. nach Fischer, 2000, S. 22
15 Hürter. 2021, S. 276
16 Miller. 2009, S. 177
17 Pauli, 1929, zit. nach Fischer, S. 86
18 Schopenhauer, 1851, Über die anscheinende Absichtlichkeit im Schicksale des Einzelnen, in „Parerga und Paralipomena"
19 Jung, GW 8, S. 546, § 950
20 Pauli, Physik und Erkenntnis, zit. nach Fischer, 2000, S. 128
21 Enz u. K. von Meyenn, 1988: Wolfgang Pauli – das Gewissen der Physik, zit. nach Fischer, 2004, S. 70
22 Pauli in: Zeitschrift für Physik 1923, zit. nach Fischer, 2004, S. 62
23 Zeilinger, 2003, S. 231
24 Görnitz/Görnitz, 2016, S. 609

25  Fischer, 2022, S. 150

26  Fischer, 2021, S. 81

27  Hoyle, 1994, S. 310, zit. nach Miller, 2011, S. 53

28  Fischer, 2010, S. 154

29  Brief an Fierz, zit. nach Miller, 2009, S. 273

30  Jung, GW 9/2, § 412

31  Fischer, 2014, S. 129

32  Clegg, 2017, S. 18

33  Miller, 2009, S. 262

34  Fischer, 2022, S. 276

35  Cleeg, 2017, S. 48

36  Fischer, 2022, S. 116 ff.

37  Fischer, 2022, S. 123

38  Fischer, 2022, S. 119

39  Fischer 2014, S. 19

40  Fierz, 1988, Naturwissenschaft und Geschichte. Basel.
    Birkhäuser, 1988, zit. nach Atmanspacher (Hrsg.): Der
    Pauli-Jung-Dialog und seine Bedeutung für die moderne
    Wissenschaft. Springer 1995. Charles Enz Rationales und
    Irrationales im Leben von Wolfgang Pauli S. 23 f.

41  Pauli, Brief an Abraham Pais vom 17. August 1950,
    in Karl von Meyenn (Hrsg.): Wolfgang Pauli.
    Wissenschaftlicher Briefwechsel, Band IV,
    Teil I: 1950-1952, Springer, Berlin 1996, S. 152

42  Joseph Green, Kaufmann, Wikipedia, Zugriff 12.4.2023

43  Jaffé, Jung, 1961/1971, S. 354

44  Nietzsche, Jenseits von Gut und Böse, S. 22f

45  Jaffé, Jung, 1961/1971, S. 354

46  Jung, GW 8, § 417, 1947

47  Jung GW, 14/2, § 442, zit. nach Frantz, 2005,
    Archetypische Dimensionen der Seele, S. 405

48  Jung, GW 14/2

49  JPD, S. 102

50  Jung, GW 10, S. 449

51 Obrist, Die Mutation des europäischen Bewusstseins, S. 107 ff.

52 Brief an M. Fierz vom 7.1.1948, zit. nach Hans Primas. „Über dunkle Aspekte der Naturwissenschaft." In PJD S. 219

53 Jung, GW 8, § 420

54 Fischer, 2014, S. 81

55 Hügli, 1991

56 Fischer, 2017, S. 282

57 Fischer, 2017, S. 256

58 Mann F., Mann C., 2017, S. 109

59 Atmanspacher et al.,1995, S. 342

60 Fischer, 2014, S. 70

61 Fischer, 2014, S. 86 (Pauli, 1929)

62 Fischer, 2014, S. 87 f.

63 Fischer, 2017, S. 256

64 Fischer, 2017, S. 257

65 Nietzsche, 1878, Menschliches, Allzumenschliches II, § 75

66 Nietzsche, 1887, Die fröhliche Wissenschaft, S. 360

67 Jung, GW 8, S. 474

68 Zeilinger, 2007, S. 337

69 Hürter, 2021, S. 228

70 Fischer, 2017, S. 250

71 Hürter, 2021, S. 225

72 Fischer, 2022, S. 28

73 Fischer, 2022, S. 28

74 Siehe Anm. 41

75 Zeilinger, 2005, S. 167

76 Zit. nach Hürter, 2021, S. 228

77 Zit. nach Hürter, 2021, S. 228

78 Zit. nach Hürter, 2021, S. 206

79 Pauli: Klavierstunde. Eine aktive Phantasie über das Unbewusste. 1953. Erstmals publiziert in Atmanspacher et al.,1995, Springer, S. 317.

80  Metzinger, 1996,  Bewusstsein – Beiträge aus der
    Gegenwartsphilosophie und: Der Ego-Tunnel, 2009
81  Metzinger, 1996, S. 599
82  Metzinger, 1996, S. 609
83  Singer in Schiepek, 2011, S. 138
84  Singer in Schiepek, 2011, S. 139 f.
85  Jung, GW 8, S. 475
86  Grawe, 2004, S. 385 ff.

# Danksagung

Ich danke meiner Frau Margarete Leibig für ihre vielfältige und immer ermutigende Unterstützung beim intuitiven Nachspüren, beim Entwickeln und Schreiben dieses Buches.

Herzlichen Dank an Prof. Dr. Ernst-Peter Fischer für sein Vorwort zu diesem Buch und viele inspirierende Ideen.

Ich danke auch Dr. Janos Polonyi (Professor für Quantentenfeldtheorie Straßburg) und dem Physiker Dr. Norbert Winter für die Möglichkeit an mehreren Seminaren über Quantenphysik teilzunehmen.

Vielen Dank an Prof. Dr. Lutz Müller für die Herausgabe des Buches im opus magnum Verlag.

Danke auch an die vielen Menschen, die mit großer Offenheit in Seminaren und Vorträgen ihre synchronistischen Erfahrungen mitgeteilt haben.